ORAISON

FUNEBRE

De Messire PIERRE-AUGUSTIN-BERNARDIN DE ROSSET DE FLEURY, Evêque de Chartres, Grand Aumônier de la Reine, Commandeur de l'Ordre du Saint-Esprit, &c. , &c.

Par M. LE BOUCQ, Doyen de l'Eglise Collégiale de Saint André de Chartres, & ancien Professeur de Rhétorique au Collége de la même Ville.

A CHARTRES,

Chez MICHEL DESHAYES, Imprimeur-Libraire de Monseigneur l'Evêque, du Clergé & du Collége, rue des Changes, *à la Providence.*

Et se trouve à Paris,

Chez { BASTIEN, Libraire, rue du Petit-Lyon, Fauxbourg Saint-Germain.
COLAS, Libraire, Place Sorbonne.

M. DCC. LXXXI.

AVERTISSEMENT.

Je devois prononcer cette Oraison funèbre, dans la Chapelle du Petit-Séminaire de Chartres, au tems de l'Anniversaire de la mort de M. de FLEURY. Des circonstances particulieres ne me l'ayant pas permis, j'offre aujourd'hui mon discours au Public, en me reposant sur cette seule espérance que les vertus du Prélat que je loue, pourront faire oublier les défauts de l'Ouvrage.

ORAISON FUNÈBRE

DE

Messire PIERRE - AUGUSTIN-
BERNARDIN DE ROSSET DE
FLEURY, *Évêque de Chartres.*

Erit in illâ die planctus magnus... & plangent familiæ Levi & omnes familiæ.

En ce jour régnera un grand deuil; les familles de Lévi & toutes les autres familles feront dans la douleur. Proph. Zacharie, ch. 12.

CETTE consternation générale, qui devoit se répandre un jour sur Jérusalem & sur son peuple, ne l'avons-nous pas vue, Messieurs, régner en ces derniers tems parmi nous ? Quel

eſt l'aſyle du malheureux , quelle eſt la demeure du Lévite ou du Citoyen , qui n'ayent
pas retenti des accens de la douleur publique ? Quel cœur n'a pas été ſaiſi , glacé
d'effroi à la nouvelle ſubite de la mort du
Pontife que nous pleurons encore , depuis
une année qu'il n'eſt plus ? O fragilité des
choſes humaines ! Hélas ! nous aimions à
contempler dans ſes traits l'empreinte ſacrée
des vertus qui nous l'avoient rendu ſi cher ;
à nous repaître des eſpérances de la plus
longue vieilleſſe qu'il ſembloit pouvoir ſe
promettre ; à nous féliciter de le voir enfin
décoré des marques de cet honneur ſuprê-
me (*a*) auquel ſon mérite perſonnel lui avoit
acquis depuis long-tems des droits ſi légiti-
mes ; à compter par avance les nouveaux
bienfaits que ſa tendreſſe méditoit de répandre. Et voilà qu'en proie aux plus vives
alarmes & que volant plein de vie dans les
bras de deux Frères expirans (*b*) , il touche

___

(*a*) Le cordon Bleu donné par le Roi à M. l'Évêque en 1777.

(*b*) M. le Commandeur de Fleury & M. l'Archevêque de
Cambrai, étoient alors dangéreuſement malades. Depuis ce tems,
la mort a enlevé ce Prélat , l'un des plus dignes Succeſſeurs de
Fénélon , le 20 Janvier 1781.

lui-même à son dernier soupir ! Voilà que la mort, incertaine & flottante entre les deux grandes victimes qu'elle sembloit menacer, fond sur lui tout à coup, ainsi que le lion affamé s'élance sur la proie qu'il dévore ! Au moment où la joie de voir revivre deux Frères chéris vient de rendre le calme à son ame, ô spectacle d'autant plus déchirant, qu'il étoit plus inattendu ! on lui creuse sous leurs yeux un tombeau. Dans le saisissement de cette douleur muette, qui n'a pas même de larmes pour exprimer ses transports, on dresse en silence le triste appareil de ses funérailles. Bientôt sa dépouille mortelle est déposée loin de nous dans la région des morts, sans que nous ayons pu entourer son cercueil de nos derniers hommages, sans que nous ayons eu la triste consolation de pleurer à ses obsèques, comme on pleure à celles d'un Père.

Et vous, jeunes Lévites, que sa main libérale couronna tant de fois de ses bienfaits, dans quelle désolation vous fûtes alors plongée ? Hélas ! il est encore enfoncé dans vos cœurs le trait sanglant dont vous fûtes percés.

A iij

Il ſera à jamais préſent à vos eſprits, ce moment fatal, où, proſternés aux pieds des Autels, dans un ſilence de recueillement & d'adoration, tout-à-coup vous entendîtes ces lamentables paroles [a] : *nous ſommes orphelins ; nous n'avons plus de père.* A ce cri de douleur tous les cœurs ſe déchirèrent. Théâtre de ſes bienfaits, Temple ſacré, ſaints Autels, vous fûtes inondés de pleurs. *Et plangent familiæ Levi ſeorsùm.*

O ſouvenir amer ! Il n'eſt donc plus, ce Pontife, dont nous ne prononcerons jamais le nom ſans attendriſſement, & que nous ne pourrions oublier ſans ingratitude ; ce Pontife qui fut long-tems notre appui, notre gloire & notre couronne, la reſſource du malheureux, la conſolation de l'humanité, l'ornement de l'Epiſcopat, & l'une des plus fidèles images de l'ancienne vertu ! Vous nous l'avez enlevé, ô mon Dieu, avec la rapidité ſoudaine d'un vent impétueux : *abſtuliſti ſicut*

(a) Ce ſont les termes que le trouble & la douleur mirent à la bouche de M. le Supérieur, en annonçant la mort de M. l'Évêque aux jeunes Éleves alors en retraite.

ventus desiderium nostrum [*a*] , & sans [*b*] qu'il y ait eu pour lui d'intervalle entre la vie & la mort, il a disparu de la terre comme un nuage ; *& pertransiit sicut nubes salus nostra.* Et depuis cette époque désastreuse, combien de fois, cherchant à rencontrer autour de nous son image chérie, nous n'avons hélas ! trouvé que la douleur ! Combien de fois, aimant à prolonger l'illusion momentanée qui sembloit le reproduire à nos yeux , ou nous promettre son retour après quelques momens d'absence, l'affreuse vérité est venue rouvrir la plaie de nos cœurs & ne nous a laissé que nos regrets & nos larmes ! Combien de fois, essayant de soulager notre douleur par les moyens qui la rendoient plus amère , nous l'avons fait revivre par la pensée dans nos entretiens, choisissant dans sa vie les époques les plus frappantes , racontant à l'envi ses bienfaits, exaltant tour-à-tour & sa haute sagesse , & sa rare modestie, & sa généreuse sensibilité & son tendre amour pour la Religion.

(*a*) Job. 30. 15;
(*b*) Il est mort subitement à Paris, le 13 Janvier 1780.

Or, Meſſieurs, ces fleurs diverſes, jettées confuſément ſur ſa cendre, je viens les raſſembler en ce jour de deuil : ces éloges inſpirés par la reconnoiſſance & diêtés par l'amour, je viens les répéter après vous au pied de ce tombeau. C'eſt donc en vos mains que je prendrai les couleurs avec leſquelles je vais eſſayer de peindre l'illuſtre Pontife ; & ſi le pinceau s'échappe quelquefois de ma main défaillante, vous pardonnerez ces momens de foibleſſe à la douleur qui m'eſt commune avec vous. En un mot, je peindrai le vertueux Prélat, tel qu'il s'eſt montré, ſoit par rapport à nous, ſoit par rapport à lui-même ; & remontant au grand principe de ſes aêtions, à cet eſprit de foi dont il fit la baſe de toutes ſes entrepriſes, je dirai quelle fut l'influence de la foi dans les aêtions de ſa vie publique & de ſa vie privée. Tel eſt le plan de l'Eloge que je conſacre à la mémoire D'ILLUSTRISSIME ET RÉVÉRENDISSIME PÈRE EN DIEU, MONSEIGNEUR PIERRE-AUGUSTIN - BERNARDIN DE ROSSET DE FLEURY, EVÊQUE DE CHARTRES, GRAND AUMÔNIER DE LA REINE, COMMANDEUR

DE L'ORDRE DU SAINT-ESPRIT, &c., &c.

Bienfaiteur de mes jours, hélas! en ces derniers momens, où, me ferrant avec bonté dans vos bras, vous daignâtes couronner en moi de ftériles travaux par des honneurs inefpérés; devois-je m'attendre que la feule manière de fignaler ma reconnoiffance & de vous payer la dette de mon cœur, feroit de vous offrir le tribut d'un éloge funèbre ? Aidez-moi, ô mon Dieu, à remplir ce douloureux miniftère. Je vais faire revivre en ce jour l'ufage antique, qui permettoit à des fils confternés de paroître fur la tribune, d'y faire entendre les louanges d'un père enlevé à leur amour, & de jetter folemnellement quelques fleurs fur fes reftes [a].

Jeunes Lévites, & vous, Miniftres du Seigneur, je vais donc enfin être l'interprête de votre douleur; & fi je ne puis être éloquent, j'effayerai du moins d'être fimple comme elle.

(a) *Moris quondàm fuit, ut, fuprà cadavera parentum defunctorom, in concione pro roftris laudes liberi dicerent, & inftar lugubrium carminum, ad fletus & gemitus audientium pedora concitarent.* S. Hier. in Epitaph. Nepotiani.

PREMIÈRE PARTIE.

Dans un fiècle où l'intérêt perfonnel & les paffions les plus viles femblent être devenues, à la honte de nos jours, la bafe la plus commune des actions humaines, c'eft un fpectacle bien confolant pour la Religion qu'une ame fidèle à marcher fous l'empire de la foi, & à lui fubordonner toutes fes entreprifes. Mais combien ce fpectacle eft-il plus confolant encore, quand il eft donné par un Pontife, dont toutes les actions doivent être autant de modèles oppofés au torrent de la dépravation publique? Or ce fpectacle, M. l'Evêque de Chartres le donna parmi nous durant l'efpace de plus de trente-trois ans d'Epifcopat : la foi préfida conftamment aux entreprifes laborieufes de fon zèle ; la foi dirigea conftamment fa main libérale dans la difpenfation de fes immenfes bienfaits.

Ici, Meffieurs, je ne raffemblerai point autour de fon tombeau les images de fes aïeux pour en décorer fa cendre. Et qu'eft-il befoin de dire que, dans le cours de plufieurs fiècles, on les vit fe fignaler tour-à-tour en des poftes éminens, dignes récompenfes de leur zèle pour le bien public? Tout cet amas d'une gloire, hélas! qui n'eft plus, peut bien fervir d'aliment à ces ames communes, qui naiffent quelquefois parmi les grands. Mais dut-il jamais entrer dans l'éloge d'un Pontife du Très-Haut? Ah! la vraie nobleffe d'un évêque, fuivant la penfée *d'Hincmar* de Reims, eft d'être l'un des fucceffeurs des Apôtres, & toute fa gloire eft d'en retracer les vertus. Voilà ce qui fait fa véritable grandeur; voilà ce qui lui attire les hommages des peuples; & voilà ce que j'ai à louer dans M. l'Evêque de Chartres.

Louis XIV venoit de terminer la plus brillante carrière, emportant avec lui dans la tombe & la gloire d'avoir donné des loix à l'Europe, & le regret de s'être trop abandonné à la foif meurtrière des conquêtes, & la confolation d'avoir garanti les Autels du ravage des nouveautés profanes. Un nouveau régne commençoit; à ce Prince célèbre & fi digne de l'être, avoit fuccédé un enfant Roi, feul efpoir de la Nation après de grandes victoires & de longs défaftres. Ce fut non

Loin de ces tems que le Ciel fit naître M. de Fleury, pour être un jour la gloire de nos climats & l'ornement de l'Eglise de France.

Né avec les dispositions les plus heureuses, il avoit justifié de bonne heure les espérances qu'il avoit fait concevoir. Déjà sa jeunesse étoit comme celle du Sage, semblable à cette lumière, qui va toujours en croissant, jusqu'à ce qu'elle soit arrivée à un jour parfait : *Semita justorum quasi lux splendens, crescit & procedit usque ad perfectam diem.* Prov. 18.

Delà si je remontois jusqu'à ses premières années, je trouverois que dès-lors ses devoirs sont devenus ses penchans les plus chers ; que ses premiers pas dans la carrière des Etudes sont marqués par autant de succès. Delà je le féliciterois de n'avoir eu aucun trait de ressemblance avec cette jeunesse pétulante & hautaine qui, fière de la tige illustre, dont elle tire son origine, n'apporte souvent dans nos lycées modernes que de la suffisance & de l'orgueil, se faisant de la gloire qui coûta tant de sueurs à ses aïeux un titre à l'indolence & à la perversité. Fuir les compagnies frivoles ou dangéreuses, se réfugier prudemment fous l'aîle des fages, puifer dans leurs entretiens le goût de la fageffe, & recevoir de leurs mains ce préfent ineftimable ; telles furent les premières mœurs de l'Abbé de Fleury. *Qui cum fapientibus graditur, fapiens erit.* Pr. 20. Ces frères illuftres qui partagèoient avec lui les mêmes penchans, (1) ce jeune fage qui mérita de nos jours la gloire d'avoir confervé dans la corruption du fiècle la rigidité des anciennes mœurs, ce vertueux Miniftre des Autels, qui, élevé à l'Epifcopat, fut trop-tôt enlevé à l'amour de fes peuples ; ces Prélats (*a*) qui faifoient alors par leur vertu la gloire de l'Eglife Gallicane ; telles furent les premières connoiffances, les premières liaifons de l'Abbé de Fleury.

Cependant formé à cette Ecole célèbre de la fcience & des vertus facerdotales [*b*] ; faint afyle, où il étoit entré, non avec les prétentions de l'altière naiffance, ou avec l'efpoir de cette ambition fecrette qui fe cache fous le modefte vêtement de Lévite ; mais où il

---

(*a*) M. de Montmorin, mort Evêque de Langres, & plufieurs autres.

(*b*) Le Séminaire de Saint Sulpice.

avoit porté un cœur pur , des intentions droites , des vues faintes ; inftruit dans l'art fi néceffaire aujourd'hui de défendre nos dogmes facrés , & d'appliquer à la dépravation humaine les remèdes les plus falutaires ; muni enfin de ce tréfor de lumières & de connoiffances qui doit fe trouver fur les lévres du Prêtre , il voit les portes du Sanctuaire s'ouvrir pour le recevoir. A ce moment , ô vertueufe Mère , banniffez ces craintes qui vous agitent & qui honorent tant votre cœur. Ah ! dans ce Fils qui fe prépare à monter aux Autels , je vois briller cette fageffe prématurée qui ne fe montre fouvent dans les autres qu'après la trifte expérience des chûtes & le cri douloureux du remord. Non , ce n'eft point une de ces victimes de rebut , qui , après avoir fervi de jouet aux paffions de la jeuneffe , viennent fe courber triftement fous le joug de la difcipline fainte , ou chercher dans le Temple, comme *Héliodore* , la fortune qu'elles n'auroient pas eu le courage de pourfuivre dans la lice périlleufe des combats. Docile à ces fages confeils que lui a dictés par votre organe la piété la plus tendre , l'Abbé de Fleury a fermé fon cœur à toute vue humaine : il a tremblé à l'entrée du Temple ; il a frémi fous la main facrée qui lui a impofé le fardeau du Sacerdoce, & dès-là même il s'en eft montré plus digne. Que vous allez être bien dédommagée des tourmens que l'amour maternel vous fait endurer loin de lui ! Sans avoir la tendreffe ambitieufe de la mère des fils de *Zébédée*, bientôt vous verrez l'Abbé de Fleury & ces autres vous-mêmes à qui vous avez donné le jour, s'affeoir aux premiers rangs de l'Eglife & de l'Etat.

Et vous, immortel Fleury, qui teniez alors les rênes de l'Empire François avec le défintéreffement d'un Sage & la prudente économie d'un Père, quelle confolation c'étoit alors pour vous de voir l'Abbé de Fleury préluder par les vertus de fon âge aux vertus d'un âge plus avancé ! Ame généreufe autant que pacifique, plus jaloufe d'être utile que d'être vantée, également éloignée & de la magnificence faftueufe de *d'Amboife*, & de l'arrogante fimplicité de *Ximenès*, & des hauteurs menaçantes de *Richelieu*, & des

foupleffes politiques de *Mazarin*, c'étoit alors
le tems où, arrivée à la plus brillante époque
de votre Miniftère, vous jouiffiez de la gloire
la plus touchante & la plus pure, celle d'a-
voir créé, pour ainfi dire, à la France un
Roi, d'avoir fermé les plaies fanglantes de
l'Etat, éteint le feu des rivalités étrangères,
jugé les différens entre les Rois, acquis fans
combats une vafte Province, & ramené le
calme après de longs orages. Ah! dans ces
intervalles de loifir où, échappant aux fatigues d'une longue repréfentation, vous ac-
couriez vous délaffer des foins pénibles de
l'autorité par le plaifir d'encourager les
efforts de l'Abbé de Fleury, & d'applaudir
à fes fuccès ; quelle joie c'étoit pour vous
de diftinguer parmi ces illuftres Neveux, dont
vous aimiez à vous voir entouré, ce vertueux
Népotien, vous aimant comme on aime un
père, conftamment attaché au fpectacle toujours nouveau des vertus dont vous étiez
pour lui un fi parfait modèle! *Ità eum dilige-
bat quafi parentem ; ità eum admirabatur quafi
quotidie novum cerneret.* S. Hier. in Epitaph.
Nepot.

Mais

Mais tandis que je parle, l'Abbé de Fleury eſt appellé auprès d'une grande Reine que nous avons vue donner long-tems au trône par ſes vertus chrétiennes, plus d'éclat qu'elle n'en recevoit du trône même. Bientôt cette régularité de conduite, cetté vigueur & cette conſiſtance de vertu qu'il fait briller à la cour de nos Rois, ont fixé ſur lui tous les regards & lui ont mérité la gloire d'être élevé à l'Epiſcopat. Vertueux Fleury, montez, montez avec confiance à ce haut dégré d'honneur. Oui, diſoit alors ce rigide appréciateur des vertus ſacerdotales; ce Sage (a) à qui le Prince avoit confié la garde des tréfors du Sanctuaire (2) : *oui, la ſeule juſtice a préſidé à l'élévation de l'Abbé de Fleury ; & je ſuis perſuadé qu'il fera plus encore que je n'ai dit au Roi.* Témoignage ſolemnel ! Jugement d'autant plus flatteur, qu'il partoit de cette ame ferme & vigoureuſe, que la ſollicitation puiſſante ne pût jamais entamer, que l'hypocriſie armée de toutes ſes ſoupleſſes & de tous ſes artifices déſeſpéra

---

(a) M. Boyer, ancien Evêque de Mirepoix.

de tromper , & qui ne donna jamais ſon ſuffrage qu'au mérite univerſellement reconnu.

Et par quels traits de zèle le nouvel Evêque de Chartres va juſtifier ſon élévation , & mettre le comble à nos eſpérances ! Ils viennent d'éclorre ces jours heureux, jours d'indulgence & de propitiation (3 , où le Ciel va prêter un ſupplément à la foibleſſe humaine , & abréger le tems de cette pénitence effrayante que réclame la juſtice divine. Déjã ce Pontife, à qui le ſalut de nos ames eſt devenu ſi cher , s'eſt montré aux yeux d'un peuple avide de recueillir les premiers accens de ſon zèle. Il parle ; le feu de l'amour divin brûle dans ſon cœur, la piété modeſte brille en ſes traits, le tréſor des graces céleſtes eſt dans ſes mains; tranſmiſe par ſon organe , la divine parole ſemble avoir pris une majeſté nouvelle. Son maintien , ſes exemples, ſes larmes , tout ſemble nous répéter ce qu'Auguſtin diſoit au peuple d'Hyppone: *non , je ne veux point être ſauvé ſans vous. Duſſai-je n'avoir qu'une moindre gloire dans le Ciel & la partager avec mes chers enfans* (a) ! Vœux magnanimes! daigne le Dieu qui les entend, leur être propice! Et vous, Orateur célèbre [b], affocié aux travaux du Pontife, paroiffez avec confiance fur le même théâtre de la vérité. Déployez les richeffes de cette éloquence populaire & vigoureufe, qui jette l'intérêt le plus vif dans les ames les plus communes ; donnez l'effor à cette imagination forte , dont les traits fublimes, dégagés du fafte des paroles, impriment des craintes falutaires; faites parler ce cœur dont les mouvemens rapides arrachent des fanglots & des larmes , & d'où partent ces foudres qui renverfent, qui terraffent.

Graces immortelles vous en foient rendues, ô mon Dieu! Les travaux du nouvel Apôtre & de fes difciples font couronnés. Les larmes ont coulé des yeux de l'homme impénitent ; le Ciel a fait defcendre dans fon cœur le repentir fincère ; & quelle pompe religieufe me pénètre d'un faint refpect! Où tend cette foule innombrable de citoyens,

_____

(a) Serm. 201.
(b) M. Bridaine.

qui s'avancent hors de nos murs dans un humble filence ? On gémit, on pleure.; aux cantiques facrés fe mêlent les accens du repentir & de la douleur.... Eternel monument de juftice & de clémence, gage précieux de l'amour le plus tendre, la Croix eft portée en triomphe. Baignés de pleurs , tous les yeux font fixés fur elle ; on ne les élève par intervalle au Ciel que pour le conjurer de fceller par le fang de Jefus-Chrift les promeffes de changement que l'on a faites aux pieds des Autels. O Pontife ! ô belle ame que le zèle dévore, achevez votre ouvrage , mettez le comble à vos fuccès ; faites triompher à jamais parmi nous la Croix de mon Dieu. Jour digne d'être confacré dans nos annales ! Jour où fans doute l'Eternel du haut des Cieux abaiffa fur cette cité des regards de complaifance ! Jour célèbre , où par les mains du Pontife , la Croix s'éleva foudain aux regards & parmi les fanglots d'un peuple immenfe ! A ce fpectacle combien de larmes coulèrent de nouveau de tous les yeux ! Combien de fermens d'une vie nouvelle fe répétèrent dans tous les cœurs !

Combien de cantiques d'actions de graces montèrent jufqu'au Ciel ! Et voilà, Croix adorable, dont je vois l'image fainte, élevée à l'entrée de nos remparts ; voilà les fouvenirs attendriffans que tu rappelles à mon cœur. A la vue de ces fuperbes trophées, de ces monumens de fafte, confacrés à la gloire des Rois, on vante l'amour des peuples qui fignalèrent ainfi leur reconnoiffance. Puiffent nos derniers Neveux, à la vue de ce monument fimple, érigé à la gloire du Roi des Rois, bénir la mémoire du Pontife qui lui en fit l'hommage, raconter à leurs fils l'hiftoire de fon zèle, leur répéter avec tranfports fon nom chéri, & pleurer long-tems après nous au fouvenir du moment fatal, qui l'enleva fi promptement à la terre !

Mais banniffons loin d'ici toute idée lugubre. A mefure que j'avance, mon fujet s'aggrandit. Et fous combien de formes heureufes le zèle de M. l'Evêque de Chartres fe préfente à mes regards ! Jeunes Lévites, [4] qui venez d'être introduits dans le Sanctuaire, fi vous entendez s'exhaler de de fon cœur de profonds foupirs, fi vous

B iij

voyez l'enceinte facrée fe baigner de fes
pleurs ; ah ! c'eft qu'en ces momens, où fe
retracent à fa penfée & les befoins de la
Religion, & le dépériffement de la Foi, &
le renverfement des anciens principes, & le
relâchement introduit jufques dans le Temple ; en ces momens où il femble ne plus
tenir à la terre que par le defir d'y voir
rendre à l'Eglife fon antique fplendeur ; il
demande au Ciel, dans les faints élans de
fon zèle, de faire defcendre fur vous avec
l'Onction Sainte, cette furabondance de graces, qui faffent de vous des miniftres dignes
de l'Autel ; je dirois mieux d'un mot, des
Prêtres qui foient d'autres lui-même.

Refpectables vieillards, vertueux Pafteurs,
que je vois accourir de toutes les parties de
ce vafte Diocèfe ; [5] demandez-vous à vous
renouveller dans l'efprit du Sacerdoce, fous
les yeux du Pontife ? Avec quelle ardeur,
confondu parmi vous au pied des Autels, &
ne confervant d'autre diftinction, d'autre
prééminence que celle que lui donne la piété
la plus tendre, il mêlera fes prières à vos
prières, fes larmes à vos larmes ; fera avec

vous une fainte violence au Ciel, pour en obtenir de nouvelles forces dans l'exercice du plus pénible miniſtère ! Animez par ſes exemples, ô combien vous allez ſentir renaître en vous le goût des choſes ſaintes ! Combien vous allez éprouver que tout le feu de ſon zèle ſe ſera tranſmis à vos ames , lorſqu'avant de ſe ſéparer de vous , il vous ſerrera tendrement dans ſes bras , il vous arroſera de ſes larmes de joie, il hâtera par des vœux les tems où il pourroit vous raſſembler ainſi tous les ans autour des Autels ! Heureux , ô mon Dieu , s'il eut pu conſommer cette belle entrepriſe , & faire revivre ce ſaint uſage , ſi propre à rendre au Sacerdoce ſa ferveur primitive & ſon ancienne beauté !

Braves François, [6] dont je vois les étendarts flotter dans le Sanctuaire & ombrager nos Autels ; demandez-vous à échauffer vos ames guerrières de ces ſentimens religieux qu'on ne porte pas toujours dans la lice des combats ? Nouveaux *Joſués*, prêtez l'oreille aux accens de cet autre *Moyſe* ; il vous apprendra à conſerver ſous l'armure des héros l'innocence des mœurs ; à ſanctifier vos fatigues ;

B iv

à n'avoir d'autre valeur que celle que la Religion couronne ; à ne craindre , à n'adorer dans le tumulte des armes , & jufques dans les bras de la mort , que le Dieu qui tient dans fes mains le cœur des guerriers & des Rois ; & qui tire , quand il lui plaît , des tréfors de fa colère ou de fa clémence les défaites ou les victoires.

Ames infortunées , [7] qui nâquîtes dans les ténèbres de l'erreur , ou qui , égarées dans les voies de la perdition , êtes encore fenfibles à l'utile aiguillon du remord ; demandez-vous à être éclairées, ou à rompre enfin vos chaînes ? A cette demande , des larmes de joie coulent des yeux du Pontife ; fon cœur palpite & s'enflamme. Miniftres laborieux , uniffez votre zèle à fon zèle ; rendez la vue à ces aveugles qui demandent à voir ; tandis que lui-même il va difputer à l'Enfer ces autres victimes , fur lefquelles l'Enfer fembloit compter comme fur une proie certaine. Vous en ferez une preuve à jamais frappante, vieillard impénitent, (8) qui cachiez fous les horreurs de l'indigence, les défordres d'une vie licencieufe ; vous verrez le Prélat s'élancer à travers les vapeurs infeêtes & repouffantes qu'exhale autour de vous la plus affreufe mifère; preffer fans répugnance vos mains dans fes mains paternelles; vous arrêter fur les bords de l'abyme prêt à vous engloutir; jetter dans votre ame un trouble falutaire; recueillir avec bonté vos larmes, & mettre au rang de fes jours les plus heureux, le jour où il vous aura conquis à Jefus-Chrift.

Attendez-vous encore, Meffieurs, d'autres preuves du zèle de M. l'Evêque de Chartres? Que le Temple s'embelliffe d'un nouvel éclat & que les faints Autels fe parent de fleurs; le vertueux, le zèlé Prélat y va dépofer avec de nouveaux honneurs les reftes précieux d'un St. , (9) l'un des ornemens des premiers fiècles du Chriftianifme; d'un Saint dont nous avons tant de fois éprouvé la proteêtion fenfible dans nos calamités. Qu'ils arrivent auffi les jours que l'Eglife doit confacrer au triomphe de cette belle ame, que *François de Sales* conduifît à la plus fublime perfeêtion; & le pieux Evêque de Chartres, [10] retraçant parmi nous le zèle du Saint Evêque de Genève, préfidera à la pompe de cette augufte cérémonie, & le ſpectacle de ſes exemples, bien plus éloquent que les panégyriſtes de la Sainte, fera le principal ornement de ces beaux jours de fête.

Eſt-il encore, Meſſieurs, pour le Pontife que je loue un autre genre de zèle à exercer ? Elite de l'Egliſe de France, illuſtres Prélats, vous le verrez dans vos Aſſemblées ſi célèbres, (11) étonner les plus habiles calculateurs, par la rapidité, la juſteſſe & l'équité de ſes opérations, embraſſer d'un coup d'œil la maſſe générale des revenus ſacrés, & du même coup d'œil faire éclorre les plans de répartition les plus propres à ſoulager la portion la plus laborieuſe & la plus ſouffrante du Sacerdoce. Vous le verrez toujours fidèle à réclamer en faveur de l'ancienne diſcipline, conſtamment oppoſé à ces innovations ſi funeſtes à la ſainte ardeur des ames conſacrées ou appellées à la retraite. Vous le verrez épancher dans vos ames les ſentimens douloureux de la ſienne, à la vue des ravages de la licence publique, vous inviter à pouſſer enſemble aux pieds du trône le cri de vos juſtes alarmes, & proſcrire avec vous

les productions impies de ces hommes fans
frein , qui bravent avec une égale audace &
la main qui porte le fceptre & la main qui
lance le tonnerre.

Que dirai - je enfin , Meffieurs ? fau-
dra - t - il manifefter par des facrifices le
dévouement le plus abfolu aux intérêts les
plus facrés de la Religion ? Envain les cris
répétés de la chair & du fang fe feront entendre ; envain elle effayera de fe gliffer dans
fon cœur , cette ambition fi commune hélas !
dans ce fiècle ; cette ambition toujours ar-
dente & toujours prête à facrifier les plus
faints devoirs à fes projets & à fes efpérances. La Religion, oui, la Religion feule do-
minera dans fon ame , inacceffible à toute
vue humaine. La perfpective féduifante des
honneurs qui l'attendent, ne l'ébranlera pas.
Il en fera folemnellement le généreux facrifice ; il le répétera tous les jours à vos pieds,
ô mon Dieu, en puifant de nouvelles forces
dans le fang qui découle de la Croix , & les
feuls intérêts de la gloire de Jefus - Chrift
emporteront à jamais tous les fuffrages de
fon cœur.

En eft-ce affez pour le zèle de M. l'Evêque
de Chartres ? Non fans doute. La foi qui
dirige fes pas , en même-tems qu'elle lui
montre d'autres devoirs à remplir , l'appelle
à d'autres fuccès. Allez donc , ô laborieux
Pafteur , [12] allez parcourir ces vaftes & riches
campagnes , où la Providence a placé les
différentes portions du grand troupeau qu'elle
vous a confié. Allez répandre à pleine
mains les dons céleftes , maintenir l'intégrité
de la foi , la dignité du culte facré , la décence & la pureté des mœurs ; allez refferrer
les liens de la paix , pourvoir à tous les genres
de befoins , exercer en un mot la fonction
la plus confolante de l'Epifcopat. Allez vous
montrer à ces ames fimples , qui font des
vœux pour jouir de votre préfence , & qui
mettront au rang de vos bienfaits le moindre
de vos regards. Quels fuccès font ici réfervés
à votre zèle ! Ah ! dans nos villes le défœu-
vrement de la richeffe , cet éternel aliment
de toutes les paffions , la recherche infenfée
des plaifirs , la funefte émulation des défordres
dans tous les genres , la licence des mœurs
accréditée par de fréquens exemples , que

fai-je ? l'impiété qui va répétant par-tout avec impunité fes blafphêmes ; voilà ce qui rend parmi nous les efforts du zèle ftériles & infructueux. Mais ici, fubfifte encore la fimplicité antique des bonnes mœurs ; l'amour de la religion eft encore en honneur ; & fi l'on fait des chûtes, au moins l'on refpecte & l'on craint le Dieu que l'on offenfe. Et vous, ô bon peuple, volez à la rencontre du Pontife. Il s'avance dans vos plaines avec la fainte arde ur d'un Apôtre & la tendreffe d'un Pere.

Déjà quel concours fur les lieux de fon paffage ! Par-tout fon arrivée eft un long jour de fête ; on fe précipite fur fes pas ; on fe place fous fes regards ; on l'a vu ; on veut le voir encore. A cet accueil fi touchant combien fon cœur fe fent embrafé d'un nouveau zèle ! O que j'aime à le voir devançant l'aurore dans ces plaines immenfes, ne fe délaffant des travaux du jour que par les travaux du lendemain, épuifant par fon infatigable activité le courage de fes coopérateurs les plus ardens à le fuivre ! Que j'aime à le fuivre dans les hameaux qui couronnent ce vafte horizon !

C'eſt-là que je le vois, établiſſant tour-à-tour
le théatre de ſon zèle, tantôt répandre dans
l'ame des enfans les premières ſemences de la
religion, tantôt raſſembler les peuples autour
de la tribune Ste, leur peindre la vertu comme
elle eſt peinte dans ſon cœur, les ramenant
au devoir par l'énergique & touchante ſimplicité de ſes diſcours, leur apprenant à aimer
Dieu, comme il l'aime lui-même. C'eſt-là
que, plus ſatisfait de pénétrer dans un humble réduit que d'habiter dans le palais des
Rois, il eſt aſſis à côté de l'indigent & du
moribond, converſant avec eux, répandant
avec eux des larmes, mêlant à ſes bienfaits
des paroles de conſolation, & leur montrant
la couronne que le Ciel réſerve à leurs privations & à leurs ſouffrances. C'eſt-là que,
pacificateur affable autant qu'ami de l'équité,
il juge les différens, termine les débats,
reconcilie le paſteur avec les ouailles, les
ouailles avec le paſteur, exerçant ſur les uns
& ſur les autres, ſans orgueil comme ſans
effort, cet aimable empire que la vertu donne
aux ames ſupérieures ſur le reſte des hommes.
C'eſt-là que, Paſteur ardent à courir après

ces brebis égarées hors du vrai bercail &
loin du centre de l'unité, il déploye au milieu
d'elles, (13) toute la douceur de *François de
Sales*, les preſſe avec bonté, les conjure avec
larmes, à tems, à contre-tems, par ce qu'il
y a de plus ſacré, de rompre enfin le ban-
deau fatal qui leur couvre les yeux ; leur
faiſant entendre la voix de l'Egliſe, cette
mere inconſolable qui les appelle, qui leur
tend les bras, & qui dans les tranſports d'une
joie anticipée, ſe prépare à faire de l'époque de leur retour l'un de ſes plus beaux
jours de fête.

Et ne croyez pas que ce zèle ſe ralentiſſe
jamais. S'il fut donné aux *Boſſuets* & aux
Fénélons d'étonner la Cour des Rois par la
ſublimité de ces talens dans l'ordre deſquels
ils n'ont point encore eu de rivaux, il ſera
réſervé à M. l'Evêque de Chartres, d'exercer ſur le même théatre une ſorte d'Apoſto-
lat d'autant plus admirable qu'il y eſt plus
rarement exercé. Sans élever la voix à la
Cour, il y fera parler l'éloquence la plus vic-
torieuſe, celle des exemples. Le ſpectacle de
ſes vertus, appellant les regards, ſera, ſui-

vant l'expreffion de l'Ecriture, comme un fignal placé fur les hauteurs : *quafi fignum in colle* (a). Il ne fera que fe montrer, & la licence ne pourra foutenir la cenfure muette de fon vifage févère ; le vice redoutera jufqu'à fes regards... Et au même-tems & le même jour où il aura exercé ce miniftère facré, qu'il fied fi bien à un Evêque d'exercer dans le palais des Rois ; au même-tems & le même jour où il aura été le confident des peines d'une grande Reine, où il aura fortifié fon ame contre les tentations de la Grandeur, où il aura recueilli fes derniers foupirs, [14] & attendri à cette lugubre cérémonie l'ame endurcie du courtifan ; Vierges chrétiennes, qui vivez dans la retraite à l'ombre du trône, [15] vous le verrez fidèle aux devoirs qui l'enchaînent à fon Diocèfe, s'occuper du foin de vous faire marcher à grands pas dans les voies de la perfection. Ames d'élite, tendres fleurs, qui dans les mêmes champs folitaires de l'Epoux, croiffez pour être un jour ou l'embelliffement du fanctuaire,

_____

(a) Ifaïe. 30. 17.

ou

ou la gloire & la confolation des familles les plus diftinguées, il s'empreffera de vous prémunir par fes leçons touchantes contre les maximes & la contagion du fiècle ; de la même main dont il répand parmi nous tant de bienfaits, il vous tracera la route qui conduit aux plus fublimes vertus.

De la main dont il répand parmi nous tant de bienfaits!... Par ce peu de mots quelles nobles idées, Meffieurs, je viens de rappeller à vos efprits? Et comment pourrai-je les raffembler ici fous un même point de vue? Ah! pour le faire avec fuccès, il faudroit avoir compté, pour ainfi dire, tous les mouvemens de ce cœur fenfible, dont la paffion dominante fut de foulager les malheureux? de ce cœur bienfaifant que l'on auroit pu nommer le chef-d'œuvre & le fanctuaire de la charité chrétienne? L'humanité, fuivant l'expreffion de l'Ecriture, étoit née avec M. l'Evêque de Chartres. Elle étoit fortie avec lui du fein d'une mère qui fut elle-même un bon modèle dans l'ordre des bienfaits. De bonne heure il avoit appris que ces portions de la richeffe départies par

C

une main libérale font, fuivant la penfée d'un
Père [a], comme de magnifiques ambaffades
envoyées vers le Ciel ; que ce font de puif-
fantes interceffions auxquelles les dons céleftes
ne font jamais refufés ; que c'eft par les faintes largeffes que les Evêques des premiers
fiècles accréditèrent aux yeux de l'idolâtre
étonné & la haute dignité de leur miniftère ,
& l'excellence du Chriftianifme & la fubli-
mité de fes maximes.

Naturalifé , pour ainfi dire , avec ces principes facrés , à peine M. de Fleury eft-il
monté fur le Siège de Chartres , qu'il a entendu le cri des malheureux , & que le defir de
les foulager eft devenu le plus preffant befoin
de fon cœur. Déjà retraçant pour eux toute la
bienfaifance du vertueux *Mérinville* , (16) il a
confacré à leurs befoins fes revenus immenfes ;
bien plus ces riches effets, ces vafes précieux
dont fa haute dignité fembloit lui permettre le
fafte , il en a fait pour eux le facrifice comme
d'un bien de nulle valeur. Cette jouiffance

_____

(a) *Hæ funt planè ambitiofæ apud Deum legationes , humani*
thefauri ; hæc potentia deprecandorum criminum , & vera fuffragia.
Sanctus Hilarius , in Pfalm. 51.

de luxe dont l'opulence aime tant à faire trophée, il l'a échangée contre un plaifir bien plus délicat & bien plus noble, celui de faire des heureux. Et voilà comme il aime à préluder aux grands devoirs de l'Epifcopat.

Mais hélas! quels cris douloureux viennent de troubler en lui la joie des bons cœurs! quels accens de détreffe publique ont déchiré fon ame!... [17] On fe précipite en foule hors de nos portes... Ciel! [a] quelle affreufe fcène de malheurs frappe nos regards! Prefque fous nos murs un vafte incendie exerce fes ravages; affociés à fes fureurs, les vents déchaînés roulent dans les airs des tourbillons de feux qui femblent chercher de nouveaux alimens à leur rage, & nos foyers eux-mêmes en font menacés. Cependant, à peine échappés aux flammes, de malheureux cultivateurs errent autour de leurs toits embrâfés, invoquant à grands cris & le défefpoir & la mort. A ce moment défaftreux, où eft M. l'Evêque de Chartres? Il s'eft élancé hors de fon Palais, portant dans fon cœur la

---

(a) Incendie d'un des fauxbourgs de Chartres, en 1756.

douleur de tous. Dans l'agit ation qui le preffe,
tantôt il rentre dans nos murs, fe préfentant
à l'entrée de nos demeures, invitant à fuf-
pendre tout travail, appellant de nouveaux
fecours; tantôt confondu avec ceux de nos
concitoyens que fon ardeur enflamme, je le
vois contribuer de fes propres mains à éteindre les feux; je ne le diftingue qu'au cour age
infatigable qu'il déploye, qu'à travers les
tourbillons de flammes qui l'environnent,
qu'à la fueur qui inonde fon front., qu'à la
pouffière dont il eft tout couvert. Mais fe
bornera-t-il à cette fenfibilité du moment, à
cette ftérile compaffion après laquelle on croit
ceffer d'être redevable envers le malheureux ?
Qu'ai-je dit ? Je fais injure à fa belle ame.
S'attendrir fur les malheurs & les terminer,
c'eft pour lui même chofe. Infortunés concitoyens, il ne ceffera de mêler fes larmes
avec les vôtres, que lorfque fa bienfaifance
vous aura ménagé des habitations plus com-
modes, que lorfque, tranquilles fous ces
nouveaux toits, vous aurez célèbré dans la
paix de vos cœurs le cantique de votre reconnoiffance. C'eft alors que, ramenant la

Grandeur à fa deftination primitive , il aimera
à s'affeoir au milieu de vous , à s'attendrir , à
fe complaire dans le fpectacle de votre joïe ,
comme un Père au milieu d'enfans chéris ,
qu'il vient d'arracher à la mort ; & fi vous
n'avez à lui offrir pour tribut de votre gratitude , que quelques expreffions naïves , fidèles images de la candeur de vos ames , que
quelques fleurs cueillies dans vos vergers ,
ah ! ces hommages fi purs le toucheront bien
davantage , que tous ces refpects fi froids ,
fi méfurés que l'on ne décerne fouvent à la
Grandeur que par ufage ou par intérêt. Il
prêtera avec bonté l'oreille à ces vœux , à
ces louanges dont vous aimez à l'entourer ;
& fi fa modeftie vous condamne, fa tendreffe
ne faura que vous abfoudre.

Autres tems , autres malheurs. (18) Aux
incendies fuccèdent les incendies ; des années
ftériles ne font remplacées que par des années
ftériles ; les faifons ne fe fuivent que pour
ajouter à la difette publique un nouveau dégré de rigueur ; par-tout des malheureux qui
fe traînent dans les tourmens de l'indigence.
O qui rendra le calme à ces ames aigries par

le sentiment de leurs misères , ou par l'im-
puissance de trouver des secours , ou par la
douleur de ne recevoir en les demandant ,
que des reproches ou des insultes ? Ce sera
le bienfaisant Evêque de Chartres. Bien dif-
férent de ces hommes opulens , condamnés à
n'être que riches , & dont les entrailles cruelles ne connurent jamais les tendres émotions
de la piété, son cœur sera un asyle commun ouvert à tous les malheureux. Il sera pour eux cet
ami tendre , dont parle le Sage , cet ami plus
cher mille fois qu'un frère. Delà point de contrée, point de hameau , point de réduit dans
ce vaste Diocèse, où il ne répande les secours
de sa main libérale. Autant je compte de Pas-
teurs préposés à la garde d'une portion du grand
troupeau qui lui est confié , autant je vois
d'organes par lesquels M. l'Evêque de Chartres
fait entendre à l'indigent des paroles de consolation ; autant je compte de canaux par
lesquels les secours de sa charité se divisent ,
comme les eaux bienfaisantes d'une source
publique , qui porte au loin l'abondance.

Delà qui pourroit compter les bienfaits
que le charitable Prélat n'a cessé de répan-

dre ? Secours procurés aux plus respectables
d'entre les infortunés. O vous, qui descen-
dez d'aïeux, dont la valeur ne fut point
mettre de bornes à ses sacrifices, & qui vous
trouvez malheureux en proportion du trésor
de gloire dont il vous ont laissé l'héritage ;
que ne vous est-il permis de faire entendre
ici les accens de votre reconnoissance ? Combien de fois vous le vîtes étouffer en vous le
sentiment de l'infortune ; tantôt en remettant
à ses frais vos terres en valeur ; tantôt en
procurant à vos fils une éducation digne de
leur naissance ! A voir comme il aimoit à
vous épargner le détail humiliant de vos
privations & de vos besoins, à vous montrer
cette sensibilité qui console presqu'autant que
la libéralité qui soulage, à vous arracher par
d'innocentes adresses au pénible embarras de
recevoir, à vous interdire jusqu'au moindre
signe de reconnoissance ; on eût dit qu'instruit
par l'infortune à soulager l'infortune, il eût
été malheureux lui-même.

Secours procurés à la jeunesse appellée au
service des Autels. Je vous en atteste, saints
asyles des vertus sacerdotales ; combien vous

vîtes fortir de vôtre enceinte de nouveaux
effains de miniftres laborieux, qui, formés
par fes bienfaits, allèrent fe répandre dans
les champs du Père de famille ? Combien
d'autres, qui, épuifés de fatigues & en proie
aux infirmités les plus cruelles, l'ont vu de
fa main libérale repouffer loin d'eux la mort
qui fe préparoit à les enlever à la terre ?

Secours procurés aux malheureux les plus
abandonnés. De coupables oififs, qui fous les
haillons d'une indigence lucrative, faifoient
l'apprentiffage de tous les forfaits [a], font
refferrés dans un affreux réduit, fermé à toute
confolation humaine. A demi couverts de
quelques lambeaux, nourris à peine de quelques fubftances groffières, plongés dans un air
infect qui porte la mort dans tous leurs fens,
ils frappent d'inutiles cris les murs de fépa-
ration élevés entre eux & le refte des hommes. M. l'Evêque de Chartres apprend quelle
eft l'horreur de leur fituation déplorable.
Prenez, dit-il, en préfentant de l'or à l'ame

(a) Pauvres du renfermement établi fur la Paroiffe de Saint
Hilaire de Chartres en 1767, & fupprimé quelques années
après.

vertueuſe qui vient de l'en inſtruire : *prenez hardiment ce qu'il en faut pour ſoulager ces malheureux ; ce ſont des ames chères à Jeſus-Chriſt ; elles ont des droits ſur mon cœur.* Ramenez dans l'enceinte de nos murs , d'indociles & fugitifs guerriers ont violé les loix de la diſcipline militaire : trois (*a*) d'entre eux vont être traînés au lieu de leur ſupplice. M. l'Evêque de Chartres (19) vole aux pieds de leurs Juges ; ſes larmes les ont attendris ; la rigueur des loix céde à ſes prières & deux victimes ſont arrachées à la mort. De malheureux cultivateurs , en levés à leurs travaux champêtres , ſont appliqués non loin de nos remparts à des travaux publics , ſans eſpoir d'aucun ſalaire. En proie à la douleur qui les déchire , & à la faim qui les dévore ; à peine leur reſte-t-il aſſez de forces pour remuer la terre arroſée de leurs larmes. Du haut de ſon Palais M. l'Evêque de Chartres , voit leur détreſſe , entend leur cris ; & déjà ſa main , inviſible comme celle de la Providence , leur a fait paſſer de puiſſans ſecours.

(*a*) Déſerteurs du Régiment de Ficher.

Secours prodigués à tous les genres de
malheureux. Non, aucune calamité humaine
ne lui eft étrangère. Il aime à defcendre
comme un efprit confolateur dans le fein de
quiconque réclame fes bienfaits. Infirmes
étendus fur un lit de douleur, vieillards en
proie aux befoins & aux tourmens d'une
longue & pénible exiftence, malheureux
d'autant plus à plaindre que vos malheurs
font moins connus, pauvres errans fur nos
places, criminels enfevelis dans la fombre
horreur de nos prifons, malades recueillis
dans les afyles de la charité publique, habitans de nos hameaux, habitans de nos villes,
diocèfains, étrangers, négocians dont la mer
a englouti la richeffe, nouveaux convertis
dont l'indigence auroit fait chanceler la foi,
jeunes perfonnes expofées au danger de perdre le tréfor de l'innocence ; tous ont élevé
leurs regards vers le Prélat bienfaifant, &
tous en ont reçu des fecours.

Et c'eft ainfi que, dans le miniftère de la
fenfibilité la plus généreufe, trente-trois ans
d'Epifcopat ont été pour M. l'Evêque de
Chartres, trente-trois ans de bienfaits en-

chaînés l'un à l'autre. Que dirai-je encore, Messieurs ? Ecoutez ; cet éloge est rare, & digne d'être entendu dans ce Temple. Que d'autres meurent surpris, ou dans les intrigues de l'ambition, ou parmi les vœux du vil intérêt, toujours insatiable de richesses ; s'il est arrêté dans les décrets éternels que la mort surprendra un jour M. l'Evêque de Chartres, elle le trouvera dominé par une passion bien plus noble, la passion des bons cœurs. Riches avares, puissiez - vous envier son sort ! Il expirera en méditant sur de nouveaux plans de bienfaisance [a]. Devancé par les bénédictions de l'indigence, il entrera dans l'éternité, les yeux encore mouillés des pleurs, qu'il versoit sur les malheureux, les mains encore étendues pour répandre sur eux de plus grands bienfaits. Présenté au tribunal de la suprême justice, il pourra dire à Dieu avec la confiance de son serviteur *Néhémie*: je les ai consacrées à leur soulagement, ces

---

(a) Il se proposoit de bâtir un Collège, de consacrer des sommes considérables à l'embellissement de la Cathédrale, à la construction d'un nouvel Hôpital général, & à la décoration du Sanctuaire de la nouvelle Chapelle du grand Séminaire.

richeffes du Sanctuaire , ces fruits attachés à ma haute dignité. *Annonas ducatûs mei non quæfivi.* Efd. 2. Cet or que je tenois de mes aïeux, je l'ai également employé à foulager l'infortune. *Et alia multa tribuebam.* Souvenez-vous de moi, Seigneur, dans les penfées confolantes de votre miféricorde , & traitez-moi comme j'ai traité ce peuple. *Memento mei , Domine , in bonum , fecundùm omnia quæ feci populo huic.*

Mais pourquoi devancer ici les tems , Meffieurs , tandis que j'ai encore à vous faire admirer l'influence de la Foi dans les actions de la vie privée de M. l'Evêque de Chartres ?

SECONDE PARTIE.

Que dans ces ames vaines qui n'ambitionnent que la gloire des actions d'éclat, & ne s'exaltent qu'autant qu'elles peuvent compter fur les regards publics , je ne trouve plus rien qui mérite mon admiration, quand je les fuis dans les détails de leur vie privée , je n'en fuis pas étonné. Comme il n'eft plus alors pour elles de fpectateurs ni de théatre , il n'eft plus auffi de rôle à jouer ni de repréfentation à foutenir , & bientôt l'homme en elles a repris la place du héros. Mais donnez-moi une ame dont la Foi dirige toutes les démarches , alors en quelque carrière que je la fuive , je la trouverai toujours égale à elle - même ; & .après l'avoir admirée dans le fpectacle de fa vie publique, le cours de fes actions ordinaires me préfentera encore un fpectacle non moins intéreffant, celui de la régularité de conduite la plus foutenue & de la piéte la plus exemplaire. Tel eft le double afpect fous lequel M. l'Evêque de Chartres fe préfente encore à notre admiration.

Et d'abord régularité de conduite caracté-rifée par la plus grande modération dans les defirs. Raffemblez en effet , Meffieurs , tous les inftans de la vie de M. l'Evêque de Chartres ; fuivez-le à la trace de tous fes pas ; remontez jufqu'à ces tems où, introduit à la Cour, il eft élevé à ce premier dégré d'honneur , qui femble préparer à d'autres honneurs : le verrez - vous jamais altéré de la foif de l'infatiable ambition ? Fier d'avoir fait ce premier pas dans la carrière de la fortune , plus fier encore de tenir par les liens

du fang à la main puiſſante, qui pouvoit alors
ouvrir & fermer à fon gré le canal des graces,
de quels fantômes de profpérités un homme
ordinaire ne fe feroit-il pas alors enyvré ?
Avec quelle confiance fuperbe, avec quelle
intempérance de joie ne fe feroit-il pas com-
pofé par avance un bonheur en idée de toutes
les efpérances d'agrandiſſement & d'élévation
dont il eût cru voir bientôt les fonges fe réa-
lifer ? Mais ne craignez point de voir l'Abbé
de Fleury s'égarer jamais dans de tels déli-
res ; jamais aucun projet ambitieux ne tour-
mentera fon ame ; & s'il fe conduît de manière
à mériter de nouveaux honneurs, jamais il
ne faura rien faire pour les obtenir. Auſſi que
la modeftie conftante du Cardinal de Fleury
s'oppofe au projet que l'on a formé d'élever,
avant le tems prefcrit par les loix, le digne
Neveu, fur l'un des plus beaux fièges de
l'Eglife de France, & d'ajouter à cet honneur précoce l'éclat fi ambitionné de la pour-
pre Romaine ; le défintéreſſé, le modefte
Neveu fera le feul qui ne murmurera point de
voir échouer cette entreprife. [20] Qu'au tems
où le Cardinal-Miniftre aura fermé les yeux

à la lumière , la main reconnoiffante du Prince s'étende fur l'Abbé de Fleury , pour lui prodiguer de nouvelles faveurs , & lui ouvrir de nouveau les tréfors du fanctuaire ; riche de fa modération , il étonnera , il remplira d'admiration le Prince par la folemnité d'un refus modefte , & par la rareté d'un exemple de défintéreffement qu'on pourroit appeller unique , dans ce fiècle d'avarice & d'intérêt perfonnel.

Demandez-vous encore , Meffieurs , d'autres preuves de fa modération dans les defirs ? Comptez dix années , vingt années , trente années de fervice auprès d'une grande Reine ; & dans ce long efpace de tems , le vit-on jamais ; je ne dis pas , fe plier à cet art fi commun dans les Cours d'aller à la fortune par les lâches tempéramens ; je ne dis pas , heurter en rival dans le labyrinthe des intrigues ces ames ardentes qui fe difputent les faveurs du trône , fans avoir d'autre droit que l'ambition d'y prétendre ; je ne dis pas , ramper autour de ces idoles en faveur, aux pieds defquelles on vit long-tems fe courber les têtes les plus fières : mais le vit-on jamais afpirer à la moindre récompenfe, reclamer la diftinction la plus légère ? (21) Libre de tout intérêt, M. l'Evêque de Chartres à la Cour, a placé fon ambition dans un lieu bien plus élevé que le trône des Rois. Réfugié dans les bras de la Foi, comme dans un afyle, c'eft delà qu'il contemple la fragilité de ces chimères humaines qu'on appelle grandeurs; c'eft delà qu'il apprend tous les jours à fe défabufer du vain éclat des biens de la terre; c'eft delà que le fpectacle du courtifan yvre d'ambition eft pour lui une leçon conftante de détachement, comme autrefois chez un peuple célèbre, la vue d'un efclave dans l'yvreffe étoit pour les ames bien nées une leçon de tempérance. Delà ce tems que l'efclave de la faveur perd dans les longues affiduités d'une ambition importune, ou dans les courfes pénibles d'une activité fans affaires; ce tems, M. l'Evêque de Chartres à la Cour ne fait que le confacrer aux befoins de fon Diocèfe, (22) & faire alors pour nous des loifirs de fa vie privée les bienfaits d'une vie publique. En un mot, le défintéreffé Prélat à la Cour me rappelle le fouvenir du vertueux

Arfène

Arſène dans le palais de *Théodoſe.* Je l'y vois ſans ambition, ſans cabale, ſans deſirs. Que dis-je, Meſſieurs ? Sans deſirs ! il en forma dans ce ſéjour de l'intrigue. Mais ce fut pour demander au ciel de pouvoir échapper aux honneurs pour leſquels il étoit ſouvent déſigné par la voix publique. Ce fut pour demander à pouvoir rompre enfin ces chaînes brillantes qui l'aſſocioient au cortège de la grandeur, & ſous leſquelles on l'entendit ſouvent pouſſer de longs ſoupirs.

O vous qui préſentiez alors à la Cour le rare ſpectacle d'un Sage, qui ſait y être, comme n'y étant pas ; de retour parmi nous, vous auriez donc pu nous dire avec la candeur du Prophete : non, jamais, au milieu de tant de paſſions qui ſe choquent autour du trône des Rois, je ne ceſſai de marcher dans l'innocence de mon cœur. *Perambulabam in innocentiâ cordis mei.* Pſ. 100. ℣. 2. 3. Jamais je ne connus cet art inventé par le vil intérêt, cet art de tramer des perfidies ſous un air d'amitié, de ſubſtituer le langage aux ſentimens, de s'enveloper dans les ombres du myſtère, & d'aller à ſon but, en paroiſſant

D

le perdre de vue : *non adhæfit mihi cor pra-
vum*. Des concurrens que le monde eftimoit
heureux, avoient-ils obtenus ces honneurs &
ces diftinctions auxquelles mes longs fervices
me donnoient le droit de prétendre ? Loin d'ouvrir mon cœur aux chagrins de l'envie, je bé-
niffois la Providence attentive à me ménager
des épreuves; je tenois conftamment mes lévres
fermées au vain épanchement de la plainte
& des murmures. *Non proponebam ante oculos
meos rem injuftam*. Etranger au milieu de
cette foule d'ambitieux à l'œil fuperbe &
au cœur infatiable, jamais je n'entretins de
commerce avec eux; jamais on ne me vit
affis à leur table, méditer avec eux de nouveaux plans d'intrigues. *Superbo oculo &
infatiabili corde*, *cum hoc non edebam*.

A ces traits de défintéreffemeut qui carac-
térifent la régularité de M. l'Evêque de
Chartres, demandez-vous que j'en ajoute
d'autres, qui vous la faffent mieux connoî-
tre ? Pénétrons enfemble dans l'intérieur de
fon Palais : point de barrières qui nous en
défendent l'entrée ; point d'efclave fuperbe
qui fufpende ou repouffe nos hommages ;

point de ces délais prolongés , qui enfante-
roient en nous le murmure & nous rendroient
infenfibles à l'accueil le plus flatteur. M. l'E-
vêque de Chartres ne s'eft retenu de fa dignité que le pouvoir d'être plus fouvent &
plus librement importuné. Son Palais eft
pour moi un afyle toujours ouvert , foit que
je veuille réclamer fon crédit , ou lui faire
entendre le cri de mes befoins , ou décharger
mon cœur du poids de ces fecrets intimes ,
qu'on a peine à fe répéter à foi-même. Redevable aux grands comme aux petits , l'affable Prélat m'écoute avec intérêt , me plaint
avec fenfibilité , me répond avec douceur.
M'accorde-t-il une grace ? c'eft avec cet air
de bonté qui double dans fes mains la valeur
du bienfait ; c'eft avec ce ton gracieux que
l'Efprit-Saint [a] fait entrer dans le caractère
de l'homme de bien. Eft-il contraint de fe
refufer à mes vœux ? Il fait donner à fes
refus eux-mêmes tout le mérite d'une grace.
Le dirai-je ici ? l'ai-je furpris dans ces momens fugitifs d'humeur inégale , dont il eft

_____

(a) *Lingua eucharis in bono homine abundabit.* Eccl. ch. 6. ℣. 5.

D ij

bien peu de gens qui ayent acquis le droit
de ſe plaindre, parce qu'il en eſt bien peu,
qui n'ayent à ſe les reprocher ? Avec quelle
promptitude je vois renaître la ſérénité ſur
ſon front ! comme il s'empreſſe d'expier ces
ſaillies du moment par des réponſes aſſai-
ſonnées de plus de douceur ! Comme il ſe
fait alors un devoir d'étendre ſes graces bien
au-delà de mes eſpérances ! Suis-je appellé
à l'honneur d'être compté au rang de ſes
convives ? Je vois régner ſur ſes tables cette
ſage économie, toujours attentive à en ban-
nir le ſuperflu, ſans bleſſer les loix de l'hoſ-
pitalité la plus généreuſe. Tous les ornemens
qui décorent ſa demeure offrent à mes yeux
l'empreinte de cette noble ſimplicité, de cette
modeſtie qui honorent bien plus l'Epiſcopat,
que ces magnifiques bagatelles, ces diſpen-
dieuſes ſuperfluités, ces ameublemens de faſte
dont l'opulence moderne aime tant à ſe
voir entourée. Suis - je admis dans l'inti-
mité de ſa confiance ? Cette vérité qui
approche ſi difficilement de l'oreille des
grands, cette vérité qu'on ne peut leur
montrer, qu'après avoir fait de longs prélu-

des, qu'après avoir épuifé tout l'art des adou-
ciffemens les plus étudiés, il a le courage de
la demander ; le courage plus rare, celui
de rendre grace à l'inférieur qui la lui fait
entendre ; le courage plus rare encore, celui
de l'adopter & de la fuivre, après l'avoir
entendue. Suis-je enfin à portée de voir,
pour ainfi dire, tous les jours cette belle ame
à découvert ? Que de vertus j'y vois réunies
comme dans un fanctuaire ! Quelle heureufe
fenfibilité ! point d'action vertueufe dont le
fpectacle ou le récit ne le tranfporte de joie ;
point de défordre, qui ne faffe couler fes larmes ; point de calamité qui ne foit pour lui
comme un malheur perfonnel. Qui fe fit jamais du devoir de la reconnoiffance un devoir plus facré ? Après trente & quarante
années, fes fentimens de gratitude envers
Louis le bien-aimé font encore auffi vifs, auffi
profondément gravés dans fon cœur, que fi le
Prince ne venoit que de répandre fes bienfaits
fur fa famille & fur lui-même. Fut-il jamais modeftie plus touchante ? La moindre louange
nous trouve crédules, lors même qu'en fecret
notre cœur la défavoue ; pour lui, modefte

fans affecter de l'être , il refufe de prêter
l'oreille à la louange la plus légitime & la
mieux méritée. Fut-il jamais difcrétion plus
conftante & plus propre à m'infpirer de la confiance ? Dépofitaire d'un fecret , fon cœur,
d'après l'idée du Sage (a) , reffemble à ces
eaux profondes , d'où l'on ne peut tirer ce
qu'elles cachent au-deffous d'elles. Quelle
fage , quelle prudente retenue dans fes entretiens ! jamais la plus légère plaifanterie fur
les imperfections d'autrui, ne trouvera grace
devant le vertueux Evêque de Chartres :
attentif à réprimer la médifance par la trif-
teffe de fon vifage (b) , il ne lui échappe
rien qui puiffe contrifter les autres , pas
même ces railleries innocentes qui , forties
de la bouche d'un grand , laiffent toujours
dans celui qui en eft devenu l'objet , des
traces douloureufes. Et que dirai-je de cette
prédilection pour les anciennes mœurs , de
cet éloignement, de cette averfion pour le
relâchement des mœurs nouvelles ; de cette
attention à n'employer jamais les fruits du

[a] *Sicut aqua profunda , ità confilium in corde viri.* Prov. 20. 5.
[b] *Facies triftis diffipat linguam detrahentem.* Prov. 25. 23.

fanctuaire qu'à des ufages confacrés par
les plus févères principes ; de cet at-
trait , de ce goût pour les chofes faintes ,
pour cette haute perfection , le plus bel ornement d'un Evêque , dont l'état eft le plus
faint de tous ; de cette vigilance à écarter
loin de lui tout ce qui pourroit donner la
plus légère atteinte à ce tréfor que nous
portons dans des vafes fragiles au milieu
de tant d'écueils, à cette pudicité facerdo-
tale , à cette vertu célefte , qui affocie en
quelque forte le Prêtre aux Anges mêmes,
& femble lui donner le droit de marcher leur
égal ? Que dirai-je encore , Meffieurs ? à
qui les liens du fang furent-ils jamais plus
chers & plus facrés ? Fut-il un fils plus tendre
qu'il l'étoit pour cette vertueufe mère , dont
nous le vîmes confoler la longue vieilleffe par
tant de refpect & d'amour ? Quel frère fut
jamais plus l'ami , le confident de fes frères ;
de ce frère fur-tout que la mort hélas [a] !

---

[a] Feu M. l'Archevêque de Cambrai.

Tu mihi unus eras domi folatio , foris decori ; tu , inquam , in
confiliis arbiter , curæ particeps , depulfor mæroris , cogitationum
defenfor. S. Amb. de obitu Satyri fratris.

D iv

vient de moiſſonner ; de ce frère devenu dès la plus tendre enfance la joie de ſa vie , le depoſitaire de ſes penſées , le digne rival de ſes vertus ; de ce frère dont le ciel a voulu ſans doute lui épargner la douleur de pleurer la perte , en l'enlevant le premier à la terre ? Que dirai-je enfin ? quel cœur plus facile & plus prompt à pardonner les fautes & les chûtes ! Fils ingrat , ne reſpirant que par ſes bienfaits , j'euſſe bleſſé le cœur d'un ſi bon père à l'endroit le plus ſenſible ; j'euſſe levé ſur lui l'œil impudent de la ré-volte ; ah ! loin de s'aigrir , loin de me traiter avec rigueur , il eût plaint ma jeu-neſſe , il eût pleuré ſur mon aveuglement , il ſe fût précipité à ma rencontre ; & comme s'il eût expié ma faute par ſes larmes , il m'en eût offert le pardon , même avant d'être té-moin de mon repentir. Sans attendre que je fûſſe tombé à ſes genoux , il m'eût tendu les bras pour me ſerrer contre ſon cœur , pour me baigner de ſes pleurs , en me répétant que je ſuis encore ſon fils , & qu'il n'a point ceſſé d'être mon père.

Eh ! quel autre langage auroit pu me tenir

un Pontife qui ne s'arma jamais de la plus
jufte féyérité qu'après avoir long-tems fait
violence à fa tendreffe ; un Pontife qui s'é-
toit fait un devoir de ne jamais répondre
aux déclamations de l'ingratitude que par
de nouveaux bienfaits ; un Pontife qui n'auroit oppofé à l'efprit d'infubordination que
le calme du fens froid, les condefcendances
de la modération, l'héroïfme de la patience,
les procédés les plus attendriffans, les invi-
tations les plus touchantes de l'amour pa-
ternel ? Quel autre langage auroit pu me
tenir un Pontife qui n'auroit vu dans les
ennemis les plus déclarés, que des frères,
rachetés comme lui au prix du fang d'un
Dieu, des frères à qui il n'auroit impofé
d'autre punition que celle des remords, des
frères à qui, jufques dans leurs écarts, il eût
encore montré avec attendriffement la place
qu'il leur eût toujours confervée dans fon
cœur ? Quel autre langage auroit pu me
tenir un Pontife qui, lâchement pourfuivi
jufques dans l'afyle des morts par ces hommes qui trafiquent impunément du fiel de
la calomnie, ne leur auroit fait entendre,

fi le ciel l'eût permis , que des paroles de
paix , d'indulgence & d'amour; un Pontife
qui ne vit jamais dans les offenfes que des
épreuves utiles, que des triomphes à rem-
porter fur lui-même ; & qui fans ceffe ,
profterné en efprit au pied de la croix du
Dieu qui pardonne, nous donna conftamment
le fpectacle de la piété la plus exemplaire ?

Oui , Meffieurs , la piété la plus exemplaire : & pourquoi faut-il que , preffé
de mettre fin à ce difcours, je précipite encore ici mes détails ? Ecoutez-les rapidement ,
ô Lévites, & apprenez à vous fanctifier. *Audite ea , Levitæ , & fanctificamini.* Paralip. 2.
c. 2. v. 5.

Piété de M. l'Evêque de Chartres, piété
de tous les tems & de tous les lieux. L'hiftoire de fa vie entiére ne feroit autre chofe
que l'hiftoire de fa piété : & en quel tems
l'auroit-on vu dégénérer de fa première ferveur ? Seroit-ce dans la jeuneffe ? Dès-lors
même fpectacle & modèle de régularité , on
auroit pu dire de lui ce que l'on (*a*) avoit

[*a*] Saint Grégoire.

dit autrefois de faint Bafile ; qu'il étoit Prêtre, avant d'en avoir reçu le caractère ; *Sa-*
cerdos erat, antequam Sacerdos effet. Seroit-ce
dans les tems qu'il eft forcé par le devoir de
paffer à la Cour de nos Rois ? Dans ce féjour, où la vertu n'habite pas toujours impunément, où les naufrages font fi communs,
parce que les écueils font fi fréquens, fon
ame demeure conftamment fermée à toutes
les impreffions du vice. C'eft-là que je le vois
oppofer conftamment aux dangers qui l'environnent, plus de retenue dans fes difcours,
plus de modeftie dans fes regards, plus de
circonfpection dans fes demarches. C'eft-là
que je le vois répandre avec plus de pro-
fufion la bonne odeur de J. C., monter aux
Autels avec une dignité qui frappe, un recueillement qui étonne, une ferveur qui pénètre, une humilité qui confond, des larmes
qui attendriffent. C'eft-là que j'entends l'admiration publique s'écrier fur fon paffage,
que dans la célébration des Saints Myftères,
il eft moins un homme qu'un Ange. (23) C'eft
de-là que je le vois toujours empreffé de
fortir, quand le devoir ne le retient plus,

ſans jamais y prolonger un ſéjour, qui devient dangereux, dès-lors qu'il n'eſt plus néceſſaire. C'eſt de-là que je le vois emporter comme en triomphe dans la ſolitude de St. Cyr cette auſtère vertu qui ſembloit appartenir à un autre ſiècle que le nôtre, ſe réfugier dans le ſanctuaire, rentrer dans cet air pur qu'on ne reſpire qu'aux pieds des Autels, ſe renouveller par le recueillement [*a*] & la retraite dans l'art ſi difficile & ſi rare de ſavoir ſe déplaire à la Cour, puiſer de nouvelles forces dans la piſcine ſainte, lutter de ferveur avec les pieux enfans de Vincent de Paule, ſe détacher de plus en plus des choſes humaines par la direction de ces Vierges courageuſes qui en ont fait le généreux ſacrifice. Que d'autres rapportent de la Cour des penſées d'orgueil, des projets de fortune; qu'ils en reviennent plus paſſionnés pour les honneurs, ou peut-être hélas! rapportant le trait mortel qui a laiſſé la corruption dans leurs ames, je vois au contraire M. l'Evêque de Chartres revenir du

---

[*a*] On l'a vu pluſieurs fois paſſer des huit jours entiers en retraite à Saint Cyr.

même féjour plus fervent , plus religieux : femblable à ces enfans d'Ifraël, qui, au fortir de la fournaife, n'en parurent que plus difpos & plus vigoureux. Du plus loin qu'il apperçoit ce Temple augufte élevé dans nos murs, à votre gloire, [24] ô Vierge fainte, il vous rend des actions de graces, il chante vos louanges, il fe hâte de rentrer fous vos ailes ; tel un fils vertueux, qui, fidéle aux avis d'une mère auffi fage que tendre, vient d'échapper aux écueils que redoutoit pour lui fa tendreffe, & qui, plus vertueux & bien plus digne d'elle encore, revient fe placer fous fes yeux, fe jetter dans fes bras, & lui offrir les nouveaux hommages de fon cœur. *Audite ea, Levitæ, & fanctificamini.*

Piété de M. l'Evêque de Chartres, piété nourrie par les pratiques les plus édifiantes. A-t-il donné le tems néceffaire aux foins multipliés de l'Epifcopat ? Voyez-le dans le filence d'un Oratoire fecret, livré à ces pieufes lectures qui échauffent fon cœur, enflamment fon amour, & font couler fes larmes. O combien de fois fon ame fe fentit-elle agrandie, & portée, pour ainfi dire, dans une region fu-

périeure, en parcourant tes écrits (*a*) ô ſu-
blime Apôtre des nations ! Combien de fois
alors il aima à ſuivre dans ſon vol l'aigle de
la Chaire Françoiſe, ſe nourriſſant par pré-
férence du grand ſens de cet Orateur célèbre,
comme d'un aliment plus analogue à la vigueur de ſon ame ! Combien de fois, ſondant
avec humilité les replis de ſon cœur, il s'ap-
propria les ſentimens de ce pieux ouvrage
qu'on a dit être avec raiſon *le meilleur qui*
ſoit ſorti de la main des hommes. ! Combien de
fois, Anges du Ciel, vous le vîtes alors,
épuiſant le calice amer de la pénitence, exercer ſur lui-même ces ſaintes rigueurs, dont la
mort ſeule [25] a pu trahir le ſecret ! Combien
de fois le vites-vous proſterné aux pieds de la
Croix, faiſant de la Croix l'objet de toutes
ſes penſées, l'ame de toutes ſes actions, le
ſpectacle de tous ſes momens, l'aſile de ſa
vertu, l'Autel de ſes ſacrifices ! Mille fois le
jour il la contemple; il la couvre de ſes bai-
ſers, il l'arroſe de ſes larmes. Dans le ſilence
de la nuit, elle repoſe à ſes côtés ; étendu

[*a*] Il aimoit à lire ſur-tout S. Paul, Bourdaloue, l'Imi-
tation de Jeſus-Chriſt, & le Combat Spirituel.

fur cette couche fimple que le moinde citoyen eût trouvé peu commode, il ne s'en-
dort que fur la foi de cette arme puiffante
du falut ; elle préfide à fon reveil, & fes
premiers regards ne s'arrètent que fur elle.
Audite ea, Levitæ, & fanctificamini.

Piété de M. l'Evêque de Chartres, piéte
foutenue par le fréquent ufage du facrement
de la réconciliation. Je vous en attefte, vertueux depofitaire des fecrets de fon cœur;
combien de fois le vîtes-vous recourir avec
une ferveur toujours nouvelle à ce remede
falutaire ! Que de pleurs vous mêlâtes vous-
même à ces torrens de larmes dont il inonda
tant de fois à vos pieds le fanctuaire ! Combien de fois vous le vîtes avec admiration
lutter fans relâche contre les penchans du
vieil homme, & combattre avec fuccès cette
vivacité naturelle, qui fut fans doute pour
lui, comme pour le faint Evêque de Genève,
une fource de mérites & de victoires. *Audite
ea, Levitæ, & fanctificamini.*

Piété de M. l'Evêque de Chartres, piété
enflammée par la célébration fréquente des
faints Myftères. Chaque jour il fe nourrit de

ce froment des élus, de cette manne célefte
qui defcend tous les jours fur nos Autels ;
& pour s'y difpofer, quelle prière fervente!
dans la célébration, dans les cérémonies,
quelle fainte gravité ! à voir la dignité du
facrificateur , on juge aifément de l'excellence du facrifice. Quelle ardeur de foi !
on diroit que les Myftères n'ont plus pour
lui de voiles, qu'il voit tout ce que nous
croyons, qu'il adore un Dieu dans le fpectacle de fa Divinité, qu'il voit couler fous
fes yeux le Sang de J. C. comme s'il eût
affifté à la fcène déchirante du Calvaire, &
au facrifice fanglant de la Croix. *Audite ea ,*
Levitæ , & fanctificamini.

Piété de M. l'Evêque de Chartres, piété
entretenue par les liaifons les plus faintes. Ne
craignez pas de le voir uni par les liens de
l'amitié à ces ames ambitieufes qui n'ont de
goût que pour les biens d'ici bas, ou qui portent
dans la fociété des penchans tout profanes,
& des mœurs toutes mondaines. Pour le pieux
Evêque de Chartres il faut des liaifons plus
afforties à fes gouts religieux ; il faut des amis
qui partagent avec lui les mêmes inclina-
tions ;

tions; des amis qui faſſent avec lui un même cœur, qui, comme lui, aiment Dieu de l'amour le plus tendre; il faut des amis, dans l'ame deſquels il puiſſe épancher en liberté les pieux ſentimens de la ſienne; des amis avec leſquels il puiſſe tantôt verſer des larmes ſur les déſordres du ſiècle, tantôt s'enflammer d'une nouvelle ardeur pour les intérêts de la Religion, tantôt former un ſaint concert de louanges qui s'élèvent vers le Ciel. Auſſi quels délicieux momens pour ſon zèle & pour ſa ferveur, que ceux que je le vois paſſer tantôt avec cette pieuſe Reine [a] qui l'honora ſi long-tems de la confiance la plus marquée, & de la vénération la plus ſingulière; tantôt avec ce Prince [b] que nous vîmes donner aux pieds de nos Autels le ſpectacle de la piété la plus touchante, (26) & dont la Religion ſeroit tentée de placer l'image dans ſes Temples; tantôt avec cet *Athanaſe* de nos jours, à qui les orages ont donné une vigueur que les tems n'ont point affoiblie, & qui ſur le déclin de la vie la plus

---

(a) La feue Reine.
(b) Feu Monſeigneur le Dauphin.

E

belle, jette encore un éclat ſi vif ſur le Clergé
de France ; tantôt avec ce reſpectable vieillard (*a*), ce ſaint Evêque que toutes les
Egliſes envièrent à celle dont il fut l'honneur ;
tantôt avec cette Héroïne chrétienne [*b*] qui,
née parmi les ſplendeurs du Trône, les échan-
gea de nos jours pour les épines du Calvaire,
d'où les mains ſans ceſſe élevées vers le Ciel,
elle fait deſcendre ſur cet empire les bénédictions & les graces. *Audite ea, Levitæ, &*
ſanctificamini.

Piété de M.*l'Evêque de Chartres, piété
conſacrée par les monumens les plus durables.
Auguſte Baſilique, monument célèbre de la
piété de nos aïeux, vous l'atteſterez aux races
futures par le ſpectacle de cette ſuperbe décoration [*c*] qu'il hâta par tant de vœux,
& à laquelle il contribua avec cette ſainte
profuſion qui n'étoit que le prélude de ce qu'il
ſe propoſoit de faire encore. Vous l'atteſterez aux Prélats ſes ſucceſſeurs, magnifique
Oratoire (*d*) à l'embelliſſement duquel, plus

(*a*) Feu M. de la Motte d'Orléans, Evêque d'Amiens.
(*b*) Madame Louiſe.
(*c*) Sanctuaire de la Cathédrale.
(*d*) Chapelle de l'Evêché.

jaloux, comme *Salomon*, de la magnificence
du Temple, que de celle de fa propre demeure,
il épuifa toute fa richeffe pour appeller des
regions lointaines, tout ce que l'art & la
nature ont de plus précieux & de plus rare.
Vous l'euffiez atteftée à nos jeunes Lévites, fi
le Ciel l'eût permis, ô nouveau Sanctuaire[a],
où de la même main dont le pieux Pontife
marquoit courageufement la place de fon
tombeau (27), nous l'avions vu tracer le plan
de ces embeliffemens dont fa piété généreufe
eût fait avec joie tous les frais. *Audite ea ,*
Levitæ , & fanctificamini.

Piété de M. l'Evêque de Chartres, piété
couronnée par l'eftime publique. A la Cour
où l'on n'a d'encens que pour la fortune, où
l'on ne fixe que les hommes en faveur, on
aime à fe figurer en le voyant le cortège des
vertus qui embelliffent fon ame. En admirant
fa rare piété, on convient qu'il eft beau
d'aimer Dieu, comme il l'aime. Son éloge
eft dans toutes les bouches; on ne le connoît
que fous le nom du faint Evêque, & l'au-

(a) Chapelle du Grand-Séminaire

guſte Reine [28], qui ſe l'eſt attaché, va juſqu'à
ſe féliciter hautement d'avoir un ſaint auprès
d'elle. Parmi nous quelle impreſſion de reſ-
pect le ſpectacle de ſa piété porte dans tous
les cœurs! Par-tout on s'empreſſe de l'avoir
pour ornement de nos différentes ſolemnités;
tant il paroît être au milieu de nous l'image
fidéle de ces antiques Prélats dont l'Egliſe a
conſacré le culte!

Et voilà le bien ineſtimable dont nous
jouiſſions depuis trente-trois années avec ſécu-
rité. Mais, ô fragilité, ô briéveté de la vie
humaine! Cette belle victime, conduite tous
les jours par l'amour aux pieds des Autels,
eſt frappée tout à coup, & le feu du Ciel
qui ſoudain la conſume comme l'holocauſte
d'Elie, s'eſt déjà diſſipé dans les airs.

Pourquoi, ô mon Dieu, l'avez-vous ſi
promptement enlevé à notre amour? Ah!
ſi la mort ſe fût approchée de lui par degrés,
s'il eût eu la conſolation d'expirer au milieu
de nous, quelle eût été la nôtre de pouvoir
mettre à profit les grands exemples qu'il eût
donné dans ce moment terrible; de recueillir
ſes dernieres paroles, comme les derniers

gages de fa tendreſſe ; d'imprimer nos bai-
fers ſur ſa main bienfaiſante , & d'accom-
pagner juſqu'au tombeau ſes dépouilles humaines ! Aux chants lugubres nous euſſions
mêlé l'hiſtoire inépuiſable de nos regrets &
de notre reconnoiſſance. Les malheureux ſe
fuſſent joints au triſte cortège ; on les eût vu
baignés de larmes , comme aux obſéques de
Dorcas , étaler aux regards publics les vête-
mens qu'ils tenoient de ſa libéralité. Et lorſ-
que la pompe funèbre eût traverſé lentement
cette cité dans le deuil , ô ma Patrie , on
t'auroit vue redoubler tes pleurs. L'indigent
ſe fût écrié : nous n'avons plus de père ! & le
Prêtre : nous perdons un modèle ! Du fond
de ces réduits, où l'infortune dévore en ſecret
ſes larmes , on eût entendu ſortir des gémiſ-
ſemens & des cris ; l'infirme dans l'impuiſſance
de ſe traîner à ce touchant ſpectacle , eût
ſenti plus vivement ſes douleurs. Dans la ſuite
nos cœurs nous euſſent ramené d'eux-mêmes
à l'endroit où nous euſſions dépoſé les reſtes
de ſa mortalité. Nous y euſſions conduit l'é-
tranger ; nous y euſſions conduit nos derniers
neveux, en leur répétant ces triſtes paroles :

E ij

ici repose le plus tendre des pères ! Dans nos calamités nous ferions revenus fur fon tombeau , comme on fe raffemble autour des Autels , pour y pleurer enfemble , pour y conjurer le Ciel de faire renaître de fa cendre un autre lui-même qui eût partagé nos malheurs par fa fenfibilité , & qui les eût terminés par fes bienfaits.

Mais que dis-je , ô mon Dieu? vos penfées font bien différentes des penfées de l'homme [*a*]. Par un deffein caché dans le fecret de votre Providence , vous avez voulu que M. l'Evêque de Chartres terminât une fi belle vie fur un plus vafte théâtre ; vous avez voulu que , cher à l'Eglife de France par tant de vertus, il expirât fous les yeux de la France entiére , & qu'il reçût les derniers honneurs au fein de la plus fameufe de nos Cités. Ah ! s'écrioit *David* dans fa douleur , après la mort de *Saül & de Jonathas*: gardez-vous de l'annoncer aux ennemis d'Ifraël & fur les places de Geth , & d'Afcalon ; *nolite nuntiare in Geth , ne-*

_____

(*a*) *Non enim cogitationes meæ , cogitationes veſtræ , neque viæ meæ , viæ veſtræ , dicit Dominus.* Iſaïæ 55. 8.

que annuntietis in compitis Afcalonis. 2. Reg.
1. 20. Et moi par un mouvement contraire à
celui de *David*, je dirai : annoncez, annoncez
aux fuperbes ennemis de la Religion la mort du
pieux Evêque de Chartres. Qu'ils jouiffent du
fpeĉtacle de fes funérailles, & qu'ils foient
confondus. Qu'ils voyent couler les larmes du
vertueux Monarque & de l'augufte Reine (28)
qui l'honorent folemnellement de leurs regrets. Qu'ils entendent la Cour & la Ville
retentir de fes éloges que l'admiration répéte
jufqu'aux extrêmités de la France. Qu'ils fe
rappellent alors, comment à la mort de leurs
partifans les plus célèbres, & de leurs pré-
tendus héros, le tombeau femble leur refufer un afile, avec quelle précipitation il
faut fouftraire à l'indignation publique leurs
reftes malheureux, & les jetter à la faveur
des ombres de la nuit dans un coin de terre
inconnue. Qu'ils voyent ici au contraire le
concours de perfonnages diftingués, d'ames
vertueufes, de folitaires, de Lévites en pleurs,
de Pontifes inconfolables. Qu'ils voyent ces
hommages publics que l'on rend au vrai Sage
qui n'eft plus ; comme le fouvenir de fes ver-

tus eft la pompe la plus touchante de fes obfèques ; comme le fpectacle de fa dépouille mortelle imprime encore dans tous les cœurs ce refpect & cette vénération religieufe qu'on éprouve à la vue des débris d'un Temple (*a*) qui fervit autrefois de demeure à la Divinité. Qu'ils voyent enfin comme la perte d'un feul homme de bien eft encore pour les cœurs honnêtes un défaftre public, & comme l'humanité femble perdre quelque chofe de fa grandeur en perdant de telles ames.

Pour vous, ô vertueux Pontife, dont le tems ne pourra effacer le fouvenir de nos cœurs, vous à qui nous ne pouvons plus offrir que des pleurs pour hommages, recevez les regrets & les larmes que nous vous préfentons en ce jour de deuil, au nom du fage conducteur de ces jeunes Lévites qui vous furent fi chers [*b*] ; au nom de ce laborieux *Gamaliel* , qui avoit mérité à fi jufte titre votre confiance, & qui, pour obtenir celle du Prélat qui vous remplace,

---

(*a*) *Ædium facrarum ruinæ , quas religiofi æquè ac ftantes adorant.* Senec. Confol. ad Helvid.

(*b*) M. Ferrand , Supérieur du Petit Séminaire de Chartres.

n'a eu befoin que de fe montrer fous le même afpect fous lequel il s'étoit offert à vos regards, avec la même candeur, la même droiture, & la même fermeté de zèle. Nous vous offrons ces regrets & ces larmes, au nom de ces Lévites, qui, placés entre votre tombeau & le Pontife qui leur a été donné pour pere, conjurent le Ciel de lui tranfmettre toute votre bienfaifance & toute votre tendreffe. Nous vous offrons ces regrets & ces larmes; au nom de ces pieux Miniftres de l'Autel, qui font accourus en foule à cette trifte cérémonie, qui béniront à jamais votre mémoire, qui vous ont aimé, qui vous aimeront encore, & qui ne cefferont d'offrir pour vous à Dieu le tribut de leurs prieres, jufqu'à ce qu'ils ayent obtenu la douce confolation de fe rejoindre à vous dans l'Eternité bienheureufe.

Ainfi foit-il.

APPROBATION.

J'Ai lu par ordre de Monseigneur le Garde des Sceaux un Manuscrit qui a pour titre : *Éloge Funèbre de feu Monseigneur l'Évêque de Chartres* ; tout y est marqué au coin du sentiment, de la piété, de l'éloquence. On ne pouvoit louer plus dignement un Prélat dont la mémoire sera toujours en vénération dans le vaste Diocèse qui avoit été confié à ses soins. *A Paris le 10 Février, 1781.*

RIBALLIER , Censeur-Royal.

NOTES.

M. l'Evêque de Chartres étoit né au Château de Fleury, près Narbonne, le 3 Mai 1717, de Jean-Hercules de Roffet, Marquis de Rocozel, Duc de Fleury, Pair de France, & de Noble demoifelle de Rey *. Amené dès fa plus tendre jeuneffe à Paris, il fit fes Humanités & fa Philofophie au Collége de la Marche. Dès ce tems il s'unit de l'amitié la plus étroite avec l'Abbé de *Nicolaï*, mort dans la fuite Evêque de Verdun, & avec le Chevalier du *Muy*, mort depuis quelques années Maréchal de France & Miniftre de la Guerre.

(2). Voici ce que M. *Boyer* écrivoit alors à M. le Duc de *Fleury*, 27 Juin 1746. « Je me fuis » fait un vrai plaifir de contribuer à placer un digne

---

* Du même Mariage font nés M. le Duc de Fleury, Pair de France, Premier Gentilhomme de la Chambre : feu M. l'Archevêque de Cambrai, ci-devant Archevêque de Tours; M. le Marquis de Fleury tué à l'affaire du Mein en 1743; M. le Commandeur de Fleury, Lieutenant-Général des Armées du Roi; feu M. le Marquis de Fleury, Ambaffadeur de Malthe auprés de Sa Majefté Très-Chrétienne; Madame la Marquife de Caftries, Époufe de M. le Marquis de Caftries, Miniftre & Secretaire d'Etat, au département de la Marine; feue Madame la Vicomteffe de Narbonne.

» fujet & à donner un vertueux Evêque au Dioçèfe
» de Chartres. Les fentimens d'eftime & d'amitié n'y
» font entrés pour rien ; la juftice toute feule a
» parlé en moi pour M. l'Abbé de *Fleury* , & je
» fuis perfuadé qu'il fera plus encore que je n'ai
» dit au Roi. . . . . ».

(3) Au Jubilé de 1751 , M. *de Fleury* fignala
fon zèle en nous procurant les fecours d'une Miffion.
M. *Bridaine* , célèbre Miffionnaire à qui *Maffillon*
lui-même avoit applaudi , rempliffoit alors la capi-
tale & les provinces du bruit de fes talèns & de
fes fuccès. Appellé à Chartres par M. l'Evêque ,
il y commença une Miffion dans la Cathédrale.
M. *de Fleury* en fit l'ouverture par un difcours
afforti aux circonftances. On le vit enfuite préfider
régulièrement à tous les exercices. Les fuccès du
Miffionnaire répondirent aux vœux du Prélat.
Au dernier jour de la Miffion , le nombre des
perfonnes qui demandoient à communier de fa
main, fut fi grand, que fes Vicaires - Généraux
furent obligés de fe joindre à lui pour l'aider
dans ce miniftère fi confolant pour la Religion.
Le foir du même jour , il fe fit une Proceffion
générale , dans laquelle on porta avec la pompe
la plus religieufe une grande Croix qui fut fournie
aux frais du Prélat , & élevée fur la grande place
des Barricades , à l'entrée de la porte des Epars.

Ce fut alors qu'on vit fe former une Congré-
gation, dite de la Croix, fous la direction de feu
M. *Caffegrain*, Chanoine de Chartres, recomman-
dable par la piété la plus éclairée. Cette affociation
encouragée par le zèle de Directeurs non moins
recommandables, (MM. *Clouet*, Théologal, &
de Juge de Braffac, Vicaire-Général.) fe foutient
encore aujourd'hui dans la même ferveur qu'à fa
naiffance, & continue à nous donner le fpectacle
de la plus édifiante dévotion. Au Jubilé de 1776,
M. l'Evêque appella encore à Chartres des Mif-
fionnaires. Ce fut dans le cours de cette nouvelle
Miffion que nous fûmes à portée d'admirer les
talens de MM. *Coret* & *Roiffard* , Orateurs
également célèbres ; l'un par une éloquence
pleine de fentiment & de richeffe dans les détails ;
l'autre par un ton plus fort de raifonnement, plus
mâle & plus terraffant.

[4] M. de Chartres faifoit les Ordinations avec
une dignité peu commune. Le plus profond recueillement, la plus grande décence dans les
cérémonies, le ton de fentiment & d'onction
qu'il mettoit dans les différens avis adreffés aux
Ordinans, les larmes qu'il ne pouvoit retenir
dans la récitation des Prières, fur-tout à ces en-
droits où l'Eglife demande que fes ennemis foient
humiliés & fe convertiffent ; tout annonçoit dans

le Prélat le defir ardent qu'il avoit de n'admettre
dans le Sanctuaire que des fujets qui en fuffent dignes. Delà cette peine fecrette qu'il laiffa plus
d'uné fois éclater , en voyant que ces Miniftres
dont on lui avoit vanté le mérite , n'avoient pas
toujours répondu à fes efpérances ; delà ces lettres
attendriffantes qu'il écrivoit fur la mort des Pafteurs
dont le zèle faifoit fa plus douce confolation ; delà
ce foin d'encourager par des récompenfes & de
foutenir par des penfions les Elèves recueillis
dans fes deux Séminaires ; delà ce foin de defcendre jufques dans l'obfcurité des derniers rangs
de la fociété , pour y faire éclorre par l'influence
de fes bienfaits les talens qui pourroient tourner
un jour au profit de la Religion.

(5) M. de *Fleury* avoit formé depuis long-
tems le deffein de rétablir les retraites eccléfiaftiques. Au mois d'Octobre 1777 , il s'en fit une au
Séminaire de Beaulieu. MM. les Curés de la campagne y accoururent de toutes parts avec une empreffement digne de tous les éloges. M. l'Evêque
y préfida. Sa conduite envers les retraitans, fon
affabilité, fon éminente piété , les frappèrent tel-
lement, qu'ils s'en retournerent tous en chantant
fes louanges. Lui-même rentré dans fon Palais,
s'écria, à la rencontre de quelques amis, en ver-
faut des larmes de joie, *qu'il n'avoit jamais paffé*

de jours plus heureux que ce tems de retraite, &
qu'alors le Ciel l'avoit inondé de ses graces.

[6] La bénédiction des Drapeaux du Régiment
de *Talaru* se fit dans l'Eglise de Notre-Dame, le
Jeudi 11 Mai 1758. Entre onze heures & midi
les quatre Bataillons du Régiment s'assemblèrent
autour de l'Eglise ; une partie entra dans la Nef,
les autres restèrent dehors. Tous les Officiers en-
trèrent dans le Chœur. Les anciens Drapeaux
étoient portés par les Officiers ordinaires, & les
nouveaux par les premiers Officiers, qui se pla-
cèrent au bas des marches du Sanctuaire. M. l'Evêque après avoir harangué les Officiers d'une manière fort touchante, se leva pour faire la bénédiction des Drapeaux. Il les bénit l'un après
l'autre, en commençant par celui que tenoit M.
le Marquis de *Talaru*. La bénédiction des Drapeaux étant faite, M. le Colonel à genoux pré-
senta le sien au Prélat qui le remit à son tour entre
les mains du Colonel. Les Officiers qui tenoient
les autres Drapeaux firent la même chose, l'un
après l'autre. M. l'Evêque bénit encore les Drapeaux
d'un autre Régiment dans l'Eglise de Poissy.

(7). M. l'Evêque contribua par ses exhortations
& ses aumônes à ramener un Juif, âgé de 19 à
20 ans. Ce jeune homme fut baptisé à Dourdan
sur la fin de l'année 1780. M. l'Evêque s'étoit

chargé de lui faire apprendre un métier, & lui faisoit passer de tems en tems des secours. Il y a quelques années qu'un Anabaptiste fut aussi ramené à la foi, par la charité & le zèle du Prélat.

[8]. Lorsque M. l'Evêque s'arrêtoit à la poste, sur la route de Chartres à Paris, sa voiture étoit aussi-tôt environnée de pauvres qu'il questionnoit sur le Catéchisme & à qui il faisoit ensuite l'aumône. Un jour à Maintenon un homme âgé de plus de 80 ans, tout couvert de plaies & dans la plus affreuse misère, s'étoit présenté avec les autres. M. l'Evêque le fixe avec attendrissement, le recommande au Curé qui se trouvoit toujours au moment de son passage, & à qui il ne manquoit jamais de donner pour les besoins de sa Paroisse. Mais il apprend de la bouche du Pasteur que cet homme dont la misère le touche ne s'est confessé depuis plus de vingt ans. Aussi-tôt le Prélat descend de sa voiture, prend le vieillard en particulier, le presse avec bonté de faire un sérieux retour sur lui-même, & parvient, à force d'exhortations & de caresses, à lui faire promettre qu'il se confessera. Au voyage suivant M. l'Evêque eut la consolation d'apprendre que ses exhortations n'avoient point été vaines, que cet homme s'étoit confessé, & que le Curé avoit tout lieu d'en être content.

[9]. On

(9). On conserve depuis long-tems dans le trésor de l'Eglise de Chartres le corps entier de Saint
Piat. Ces restes précieux étoient renfermés dans
une châsse de bois. M. de *Fleury* en fit la transla-
tion dans une châsse plus riche, le Jeudi 1er
Octobre 1750. Le matin après les Primes, M.
l'Evêque fit tirer de l'ancienne Châsse le corps du
Saint, qui fut déposé au milieu du Chœur. Il le
découvrit ensuite par la tête & par les pieds, le
salua en baisant ses pieds. Tout le Clergé fit la
même chose. Alors M. l'Evêque bénit la nouvelle
Châsse, couvrit le Saint, signa le procès verbal,
le renferma avec la Relique, qui fut placée sur le
Maître Autel jusqu'au Dimanche suivant.

(10). Le 9 Septembre 1772, se fit dans l'Eglise
de la Visitation de cette Ville, la cérémonie de
la Canonisation de Ste *Jeanne-Françoise-Fremiot
de Chantal.* Voici comme les Religieuses de ce
Monastère s'exprimoient, dans la relation des
cérémonies de cette Fête, en parlant de M. de
Fleury; « En voyant notre vertueux Evêque prési-
» der tous les jours à cette solemnité, lui donner
» un nouveau lustre par sa présence & par le
» spectacle édifiant de sa piété, il nous sembloi-
» voir notre saint Fondateur revivre dans la per-
» sonne de ce Prélat. En effet, tout contribuoit
» en lui à nous donner cette idée. Son assiduité à

F

» nous rompre chaque jour le pain de la Table
» Sainte, fon empreffement à entendre les Ora-
» teurs & à les encourager par fes fuffrages, ce
» recueillement, cette ferveur, qui ont fait dire
» que fes exemples étoient le meilleur Sermon de
» l'Octave ; tout nous annonçoit hautement qu'il
» fait auffi bien imiter les Saints que les honorer ».

(11). M. de *Fleury* fe fit beaucoup d'honneur
aux Affemblées de 1760 & 1765, par l'exactitude
des proportions qu'il établit dans la répartition des
charges du Clergé. Cette exactitude infpira tant
de confiance en fes lumieres, que, fans être Préfi-
dent du Bureau dans lequel fe traitoient ces fortes
d'affaires, il fut chargé de faire un rapport détaillé,
qui fut auffi-tôt adopté avec les plus grands applaudiffemens. Dans l'Affemblée de 1775, il montra auffi le plus grand zèle pour les affaires qui intéreffoient
la Religion & la difcipline de l'Églife. On vit dans
ces tems les plus anciens Evêques s'affembler chez
lui toutes les fémaines, pour s'occuper avec lui de
ces matieres importantes.

(12) M. l'Évêque faifoit fes vifites en véritable
Apôtre. Il dormoit peu, fe levoit detrès-grand
matin, prêchoit tous les jours au moins trois fois,
interrogeoit lui-même les enfans, donnoit des avis
à ceux qu'il ne trouvoit pas inftruits, parloit à tout
le monde avec beaucoup de douceur, vifitoit les

Hôpitaux, confoloit les malades, & leur diftribuoit
d'abondantes aumônes. Heureux les Pafteurs qui
adopteront un fi beau modèle ! Heureux les peuples,
qui retrouveront dans leurs Pafteurs l'image d'un tel
Père !

(13). En 1777 à Authon au Perche, on le vit fe
promener & converfer long-tems avec un Protef.
tant, chef de ceux qui fe trouvent dans cette Paroiffe. Quoiqu'obftiné dans fon erreur, cet homme
ne put s'empêcher de témoigner tout le refpect &
toute l'admiration dont il fut pénétré pour le Prélat, & dit qu'il prioit Dieu continuellement pour la
confervation de fes jours. A Guillonville, autre vil-
lage du Diocèfe, M. l'Évêque demanda à parler
à une femme Calvinifte, combattit les vaines
raifons qu'elle alléguoit, la conjurant, les larmes
aux yeux, de rentrer dans le fein de l'Église ; il fit
auffi venir fon fils, à qui il parla avec le même
zèle & la même tendreffe.

(14) Ce fut M. l'Evêque de Chartres, qui ad-
miniftra le Saint Viatique à la feue Reine, dans fa
derniere maladie ; l'exhortation qu'il lui adreffa
avant de la communier, fit fondre en larmes toute
la Cour.

(15) Pendant fon féjour à Verfailles, il venoit
tous les famedis à S. Cyr, s'y confeffoit, s'occupoit
à la direction des Religieufes, qu'il conduifit toujours

F ij

avec beaucoup de prudence & de fageffe. Le lendemain il difoit la Meffe de Communauté, & les Dames recevojent de fa main la Communion. Dans le courant de l'année, il donnoit le voile aux jeunes Demoifelles qui fe confacroient à la Retraite, il les admettoit lui-même à la Profeffion & accompagnoit cette cérémonie d'un difcours touchant qui faifoit fouvent couler des larmes.

(16) Tout le monde fajt combien M. de *Mérinville* répandit de charités dans ce Diocèfe. Mais tout le monde ne connoît pas également une anecdote qui fait honneur à fa mémoire & qui pour cette raifon mérite d'être connue. Je la tiens, il y a plus de 20 ans, de feu M. l'Abbé *Trublet*, de l'Académie Françoife. Il me racontoit qu'un jour plufieurs Évêques, parmi lefquels étoit M. de *Mérinville*, fe trouvoient chez M. le Cardinal de *Tencin*. La converfation étant tombée fur les Miracles, chacun des Prélats fe mit à parler de ceux qui s'opéroient ou s'étoient opérés dans fa Province par l'interceffion de tels & tels Saints. M. de *Mérinville* n'avoit point encore parlé, lorfque le Cardinal, prenant la parole, dit : *pour M. de Chartres, on peut affurer qu'il eft le miracle de fon Diocèfe.* Ce trait d'éloge inattendu fut confirmé par les applaudiffemens de toute l'affemblée.

(17). En 1750, il envoya fa vaiffelle d'argent à

la Monnoye, pour le foulagement des pauvres.

Le 26 Mai 1758, le feu confuma une partie du fauxbourg de la porte des Epars. L'incendie fut fi violent que l'on eut à craindre pour la Ville elle-même. Des tourbillons de feux tombèrent dans l'enceinte des murs; d'autres furent portés par le vent à plus d'une lieue au-delà. Dans cette trifte conjoncture M. l'Evêque fe montra fous le jour le plus attendriffant. M. le Duc de *Fleury* y déploya la même fenfibilité & le même zèle. On vit le Prélat, tantôt travailler lui-même à éteindre l'incendie, tantôt rentrer dans la Ville, aller de porte en porte dans les premières rues, engager ceux qu'il trouvoit dans leurs maifonsà venir porter du fecours. Il diftribua fur le champ aux incendiés de grandes charités, obtint de feu M, le Dauphin des fommes confidérables qui furent employées à conftruire des maifons plus folides, à la place de celle qui avoient été brûlées; bientôt ces infortunés furent rétablis dans leur premier état. Quelque tems après, conduits par leur Curé, qui s'étoit fignalé par la plus grande ardeur à les fecourir au tems de l'incendie (c'étoit M. *Billard*, pour lors Curé de Saint Saturnin, & aujourd'hui Official & Chanoine de Chartres) ils fe rendirent tous au Palais Epifcopal, le jour de la fête du Prélat, & ils eurent l'honneur de lui préfenter

un bouquet. Ce fut alors un fpectacle bien touchant de voir d'un côté ces ames reconnoiffantes
offrir leurs hommages à l'Evêque bienfaiteur,
& de l'autre l'Evêque bienfaiteur s'abandonner
à cette joie fi douce, à laquelle il eft bien permis de fe livrer, quand on fe trouve au milieu
des malheureux dont on vient d'effuyer les larmes.

[18]. Dans les incendies du couvent des Capu-
cins, du fauxbourg Saint Jean, des villages de
Sours, de Praville, de Mezieres, de Monnarville,
d'Ouville, &c. fa charité fut toujours inépuifable.
Outre les aumônes qu'il faifoit dans fon Diocèfe,
il en diftribuoit encore à Paris & à Verfailles ; on
l'a vu contribuer à relever la fortune de quelques
Marins qui avoient tout perdu dans un naufrage ;
il leur donna 25 Louis.

En 1775 il donna des fecours confidérables à
plufieurs nouveaux convertis, qui s'adrefferent à lui,
& il obtint pour quelques-uns d'eux des penfions
fur le Clergé de France. Ayant demandé un jour
à une femme inconnue quel titre lui donnoit l'efpé-
rance d'obtenir de lui des fecours — *Quatre-vingt
ans, ma mifére & vos bontés.* Réponfe touchante
qui attendrit le Prélat, & mérita auffi-tôt à cette
femme les fecours qu'elle demandoit !

Il alloit fouvent donner la Bénédiction dans
les Paroiffes de la Ville, & ne manquoit jamais

de laisser entre les mains des Curés quelques aumônes, outre celles qu'il leur donnoit dans le cours
de l'année. Avant son dernier départ, il leur avoit
dit, en dînant avec eux, *qu'il leur donneroit le*
double de ce qu'il leur avoit donné jusqu'à présent,
parce qu'il alloit devenir plus riche. Il vouloit parler de l'Abbaye de Saint-Pere, qui venoit d'être
réunie à l'Evêché de Chartres. (*On a oublié de*
mettre ce dernier détail dans la note (a), pag. 43,
à laquelle il se rapporte plus directement). Il chargeoit
les Curés de la campagne de donner tout ce qu'il
falloit pour le besoin des pauvres de leurs paroisses,
& leur remettoit à leur premier voyage à Chartres,
ou par quelque occasion, ce qu'ils avoient avancé
sur ses ordres. . . . . Il n'y a point d'années, l'une
dans l'autre, qu'il n'ait consacré aux pensions gra-
tuites de son petit Séminaire 7 à 8 mille liv. . . . . En
général il donnoit annuellement aux pauvres tout
le revenu de son Evêché.

(19). Dans le tems que le Régiment de Ficher
étoit en garnison à Chartres, trois déserteurs furent
arrêtés, & jettés dans les fers. Le conseil de guerre
s'assemble, & les coupables sont condamnés à être
fusiliés. M. l'Evêque se présente au conseil de guerre,
& obtient grace pour un des trois. *Mais*, dit-il ensuite, *ma mere demande aussi le sien.* Touchés
de cette nouvelle demande, les Officiers accor-
dèrent la grace à l'un des deux autres.

Dans le tems que l'on traçoit le chemin de Chartres à Tours, M. l'Evêque faifoit partir tous les jours des voitures chargées de pain, qui étoit diftribué aux pauvres corvoyeurs. Tandis qu'il foulageoit ainfi les malheureux qui travailloient non loin de nos murs, il étendoit fes fecours à plus de dix lieues au-delà fur la même route. On fait combien de mémoires pour pain fourni aux corvoyeurs des environs de Châteaudun, ont été envoyés pendant plus de douze ans, par le vertueux & digne confident des charités du Prélat dans cette contrée, M. l'Abbé de *Tremeaux*, Doyen de faint André de Châteaudun.

(20) Du vivant du Cardinal de *Fleury*, on voulut faire M. l'Abbé de *Fleury* Evêque de Laon. Le Pape offroit d'accorder la difpenfe d'âge. On vouloit auffi donner au Neveu le chapeau de Cardinal, à la difpofition du Roi de Pologne. Le Cardinal de *Fleury* refufa conftamment ces deux offres.

Après la mort du Cardinal, le Roi offrit aux Abbés de *Fleury* les Abbayes de leur Oncle; c'étoit celle St. Etienne de Caën, & celle de Tournus. Tous deux refuférent, en alleguant qu'ils avoient affez de biens eccléfiaftiques. Ce refus leur fit beaucoup d'honneur.

(21) Depuis fon élévation à l'Epifcopat, M. de *Fleury* montra toujours le même défintéreffe ment. Malgré les vives inſtances de ſes amis , il ne demanda jamais pour lui aucune grace à la Cour, & ne témoigna jamais aucun mécontentement de voir paſſer à d'autres celles que ſa place & ſon mérite perſonnel ſembloient devoir lui procurer.

(22) A Verſailles M. de *Fleury* vécut toujours retiré. Lorſqu'il avoit rempli les fonctions de ſa charge , il ſe renfermoit chez lui , & ſe livroit aux affaires de ſon Diocèſe, ou à quelqu'exercice de piété. Souvent il donna des preuves ſenſibles du deſir qu'il avoit de quitter la Cour..... Lorſqu'il fut nommé grand Aumônier de la Reine , il dît à un ami en lui montrant le brevet qu'il venoit de recevoir : *voilà donc encore pour moi de nouvelles chaînes !*

(23) A Verſailles il diſoit preſque tous les jours la Meſſe , & ſa piété dans la célébration des Sts. Myſtères étoit un ſpectacle frappant. Un jour un vieux brigadier des gardes du Corps , Chevalier de St. Louis , en fut ſi attendri , qu'il s'informa à quelle heure M. l'Evêque avoit coutume de dire la Meſſe , pour pouvoir l'entendre tous les jours. Il ajoutoit que ce Prélat lui paroiſſoit un Ange ſur la terre , & qu'il n'avoit jamais vu célébrer les ſaints Myſtères avec plus de majeſté.

(24) Lorſqu'il revenoit à Chartres, arrivé dans la plaine de Maintenon, d'où l'on voit l'Egliſe de Chartres, il ne manquoit jamais de dire avec ceux

qui fe trouvoient dans fa voiture, quelques An-
tiennes en l'honneur de la fainte Vierge.

(25.) Après fa mort les Chirurgiens déclaré-
rent avoir trouvé fur fon corps les marques des
inftrumens de pénitence qu'il portoit. Il avoit
auffi la dévotion de porter fur lui un petit
Crucifix, qu'il baifoit fouvent, & qu'il plaçoit
toujours devant lui dans fon cabinet, en fe mettant
à l'ouvrage, & fous fon chevet, lorfqu'il fe mettoit au lit,

(26) M. de Chartres étoit un de ceux que M.
le Dauphin honoroit de fon amitié. Auffi ce fut
une fête pour le Prélat de recevoir en 1756 ce
Prince qui fit avec Madame la Dauphine un voyage
de dévotion à Chartres. Les auguftes Epoux com-
munièrent des mains de M. l'Evêque, le lendemain de leur arrivée. Le foir du même jour,
ils allèrent, au milieu d'un Peuple immenfe, faire
leurs prières dans l'Eglife des Carmélites ; puis
ils honorèrent de leur vifite cette Communauté qui
depuis long-tems eft en poffeffion d'être par fes auf-
ftérités & fes rares vertus l'objet de l'admiration
publique.

Dans les voyages de Compiegne, le Prélat s'é-
chappoit fouvent de la Cour pour aller voir M. l'E-
vêque d'Amiens, qu'il honoroit comme un père.
Lorfqu'il étoit à Paris, il vifitoit fouvent M. l'Archevêque, ou alloit à St. Denis vifiter Madame
Louife.

[27] Trois mois avant fa mort, on lui faifoit voir au grand Séminaire le nouveau caveau des Evê-ques : *c'eft-là*, dit-il, *que repoferont un jour mes cendres, & peut-être bientôt, fi je meurs à Char-tres . . . . il faut toujours fe tenir prêt.*

[28] Lorfque le Roi l'eut nommé Cordon Bleu, en 1777, toute la Cour applaudit à la juftice qui lui étoit rendue. La Reine elle-même en témoigna la plus grande fatisfaction dans une lettre qu'elle écrivit à M. le Duc de *Fleury*, pour lui annoncer cette nouvelle. En parlant du Prélat, elle difoit fouvent qu'elle *avoit un Saint dans fa Maifon.*

[29] La mort de M. l'Evêque de Chartres fit à Paris & fur-tout à Verfailles la fenfation la plus douloureufe. Aucun Evêque attaché à la Cour ne fut auffi fincérement regretté que lui. Long-tems on ne s'occupa que du fouvenir de fa perte & de l'hiftoire de fes vertus. La Reine fit publiquement fon éloge; le Roi & toute la Famille Royale l'ho-norèrent également de leurs regrets. Le 17 Janvier 1780, fon Corps fut porté du Palais des Thuilleries, où il étoit décédé, en l'Eglife Paroiffiale de S. Ger-main-l'Auxerrois. Un grand nombre de Religieux, d'Eccléfiaftiques, d'Evêques & de perfonnes de la plus haute diftinction affiftèrent au Service; le Corps fut enfuite tranfporté à Saint Thomas-du-Louvre, & dépofé dans le tombeau du Cardi-nal de *Fleury*.   *F I N.*

Page 11, ligne 4, à ces ames communes, *lisez*
à l'orgueil de ces ames communes.

Pag. 20, lig. 20, par les mains du Pontife,
lif. par les ordres du Pontife.

www.ingramcontent.com/pod-product-compliance
Lightning Source LLC
LaVergne TN
LVHW050647090426
835512LV00007B/1065